ドイツとの対話

〈3・11〉以降の社会と文化

Dialog mit Deutschland

Gesellschaft und Kultur nach der Großen Ostjapanischen Erdbebenkatastrophe am 11. März 2011

ハラルド・マイヤー／西山崇宏／伊藤 守 編著

せりか書房

ドイツとの対話——〈3・11〉以降の社会と文化

目次

巻頭言

なぜ現在は〈3・11〉後ではなく〈オリンピック〉前なのか？

岡田利規

僕の実感としては、〈3・11〉によって、日本社会に分断が生じた、さまざまな分断が。でももしかしたら、これは何より僕自身と日本社会との分断であるのかもしれないのだけれども。

ともかく、書いていくことにする。まずは分断は、僕にとっては、放射能によって引き起こされた。個人的な体験を書こうと思う。僕と家族は首都圏の一画、神奈川の横須賀に住んでいた。〈3・11〉をうけて、このままここでの生活を続けることによって特に子供たちにもたらされる放射性物質の影響を危惧し、その夏、東京からおよそ千キロ西に離れた島、九州に移住した。これを〈避難〉と呼んでも構わない。

移住は大きな決断には違いなかった。しかし僕たちに逡巡はあまりなかった。首都圏を離れようという考えは確固としていた。ここで暮らし続けるのは危険だ、と思っていたからだ。もし子供がいなかったらこのような決断はしていなかっただろうけれども。

僕たちのこの決断はいくつかの微妙な、あるいは微妙というのよりももっとはっきりとした軋轢を、周囲とのあいだに生んだ。僕たちの決断をヒステリックなものと捉える人たちは、多少なりともいたから。移住するということを、僕たちはここが危険だと思っているという見解――そしてそこには、だからあなたもここを離れたほうがいいのではないかと僕は思っている、という言外のメッセージが否応なしに含まれてしまう――抜きに伝えるのは無理だ。どうしても、移住するつもりのないことを咎めるような、挑発の響きを持ってしまったところは、あったと思う。

放射能は目に見えない。そして、その影響はすぐさま現れるわけではない。放射能による分断は、放射能が持つこうした特性による分断だと言える。

目に見えないもの、そして、影響が即時現れるのではないものを、どの程度懸念するか、あるいはしないか、といったことを人は各自のかなり自由な裁量で決められるからだ。

自分の置かれた環境での生活における放射性物質に被曝する危険性について、自分の見解を決める際、現実問題としてそこにはある種のコスト計算がはたらく。危険と懸念することは、コストがかさむ覚悟を持たなければならないことを、結果的に意味する。現在の住まい、仕事、人間関係などを、新しいものに切り替えていく金銭的な、そして精神的なコストを払うだけの用意があるのかということを必然的に問われることになる。コストを度外視して環境を変えることを厭わない人だって、なかにはいるけれども、それは少数の、よほどの覚悟の持ち主だ。多くの人はそんな大胆な決断には踏み切れない。

僕はアーティストという自由業で、しかも多いときは一年の三分の一ほど国外にいるというパターンの仕事の仕方をしている。つまり家がどこにあったとしても、家にあまりいない生活であることに変わりはない。だから移住へのコストは、それほど大きいものと感じずにすむ環境だったと言える。

僕たちは九州の、人口八十万人の都市、熊本に移住した。熊本を選んだのには、坂口恭平氏というアーティストの存在が大きい。彼は〈3・11〉の発生した翌日には東京を抜けだして、数日後には生まれ故郷の熊本に移住した。そして突如、放射能汚染状況の正確なリアルタイムの情報を公表しようとしない日本政府へのオルタナティヴとして、ツイッター上で「新政府」を設立し、その「内閣総理大臣」として、怒濤のペースで投稿を続け、人々に「逃げろ」と呼びかけた。

そのツイートに刺激されてというよりも、僕は坂口氏とは以前から知己があったため、私は彼に、移住先の候補地として熊本を一度、五月の連休時に見に行ってみたいと相談した。彼は歓待してくれた。市内や郊外の温泉地を案内してくれた。そして私たち家族は熊本の街を気に入り、七月の終わりに引っ越したのだ。

僕たちは熊本で、僕たちと同じように〈避難〉をしてここにやってきた人々に、多く出会えた。そのほとんどが、小さな子供を持つ人びとだった。この人々の集まりはごく自然と、相互扶助のコミュニティになっていった。〈相互扶助のコミュニティ〉などと仰々しく標榜していたわけではまったくない。ただ、物理的に、そして精神的に、扶け合う必要があった人々が、その必要に応じてそうしていたというだけのことだ。具体的には、ごく日常的になにかといえば集まって、一緒にご飯を食べたり、子供の世話をしあったり、悩みを相談しあったり、といった具合にさまざまなレベルのことをサポートしあっていた。その集まりの中の人々は、不安や恐怖や心許なさ、放射能への恐怖、移住を決め実行した際に経験したさまざまな出来事を、話し合って、共有し、共感できる者同士だった。移住を決めてここにやってくるいきさつのなかで、僕らが経験したような軋轢を味わった人は多かったので、そうした同志は、貴重な存在だった。

その一方で、僕は移住以降も東京圏に赴き滞在する機会を、それなりに長く持った。日本はあらゆる局面において東京一極中心であり、僕が携わる演劇の世界だってその例外ではないからだ。僕は日本の演劇人のなかでは比較的、首都圏に依存している度合いの小さいほうだとは思うが、それでも完全に無縁というわけにはいかない。僕もまた、この国の社会構造に存分に取り込まれたなかで生きているのだ。

移住以降僕は、それ以前には感じることのなかった緊張を、東京にいくとその都度、感じるようになった。ここにいる人たちと私は分断されている、という強く意識を持つことなしに東京での時間を過ごすことは僕にはもうできなくなってしまっていたからだ。駅などの公共空間で出くわす、直接知っているわけではなくコミュニケーションを交わすわけでもない多くの人々に対してもだし、仕事を通して関わる人々に対しても、どこかで身構えるようにしていなければならなくなった。

東京にいることそれ自体からくる疲れ、とでもいうよりほかないものを感じるようになってきた。放射能汚染を恐れて熊本に避難してきた人々によるコミュニティのあいだでは気兼ねなく話せる思いを、ここでは包み隠さずに話すことはできない。私にしたって好んで緊張を生み出したいわけではないから、東京では、会う人会う人誰彼構わず放射能の話題をふるようなことはしない。自分の感覚や感情や見解を、ほとんどの人と共有できないというのが当然の前提になった。共有できるかどうかを測るために、自分の見解をときどき、マイルドに表現してみる。それ以上のことはしない。たとえどんなに深刻な問題だとしても、なにせ放射能は目に見えないのだ、だからそれについてことさらに話題にしないとしても、そのことでその場が不自然になることは、ほとんどないのだ。

ところで僕はその年、二〇一一年も、ヨーロッパにそれなりに長い期間いた。この十年は毎年行っている、自分たちのカンパニーのつくった演目をヨーロッパ各地で上演して回るツアーが、春にも秋にもあったからだ。ヨーロッパの人々にとっても〈フクシマ〉は、もちろん大きな関心事だったから、僕は〈3・11〉の体験談や自分が移住したことについて、パブリックトークという形のみならず、終演後のバーでのインフォーマルなおしゃべりも含め、ほんとうに何度も話をした。

ヨーロッパでは僕は、それらの話を、ほとんどまったく精神的負担を感じることなく話すことができた。移住は当然の決断だという反応が、そこでは完全に支配的だったからだ。

熊本は同志がいて、気兼ねなく放射能の話ができる。ヨーロッパでは自分の決断に対して理解あるムードが基調で、緊張しないでいられる。でも東京はそうではない。このあまりにも大きなギャップ。

こうして僕にとって、熊本と東京は、あるいはヨーロッパと東京は、まるで異なる二つの世界のようになった。

そして、そうした僕の心理も大いに影響しているのかもしれないが、しかしそれだけではないだろうと思うのだが、〈3・11〉後、東京の雰囲気、特に電車の中や都心の駅構内の雰囲気は、徐々にしかし確実に、ぎすぎすした、敵愾心を帯びた感じのものに変わっていると僕には感じられるようになった。それによっても僕は緊張と疲労を、ひどくおぼえさせられるようになった。これは現在においても続いている。

このぎすぎすしたムードも〈分断〉の症状なのだと僕には見える。分断のムードがはっきりした手触りをもつほどのものへと育っていくプロセスを、僕は〈3・11〉後の日本社会の中で、経験していると思う。特に、東京圏で過ごしているときには。だから僕は〈3・11〉によって日本社会が分断した、と感じてもいるが、〈3・11〉によって東京が分断したのだとも同じくらい、いやもしかしたらより強く、思っている。

〈3・11〉後、僕が分断された社会のなかで生きていることを、はっきりと自覚しながら日々を——東京での日々は特に——過ごすようになったのは、間違いない。僕は〈3・11〉後の社会で生活することを通して、自分がそれを信じておりそれに従って行動しようとしている見解を、誰に対しても持ってもらえるなどと考えるのは誤りであるという、お題目としては以前からわかっていたことを、しかしはじめて身をもって、根本から理解したと思う。また、東京との物理的かつ心理的な距離が、〈3・11〉によって僕には生まれた。だから僕にとって〈3・11〉には、自分が東京から距離を取り、東京を白けた眼差しで見るようになった決定的な契機、という意味合いも大いにある。僕は自らを東京から分断させたのだ、とも言える。そして〈3・11〉以降、ひとりの演劇の作り手としては、僕は分断のムードとそれがもたらす緊張に大きく触発されながら創作を続けてもきた。

放射能は目に見えないとさっき書いたけれども、それを言うなら分断もまた目に見えない。放射能をめぐる認識が大きく個人の裁量に依るものであるように、分断をめぐる認識も個人の裁量に依る。僕は日本社会に分断が存在していると思っている。けれども、そんなものは存在していないと思う人も日本社会の中に決して少なくないはずだ。どちらの見解が正しいという話では、これはない。だから正しさが判明することによって分断が解消されるわけでもない。

分断は、正しい見解を持つ人びとと誤ったそれを持つ人びととのあいだの分断ではないのだ。分断とは、それぞれの異なる見解、リアリティ、世界、を生きているということなのだ。異なるリアリティ、などというとSFみたいだけれども、それは僕が社会が実際に直面している事態、まぎれもない現実だ。

「日本社会は分断されている」という認識と、「分断されてなどいない」という認識のあいだの分断もある。どちらも実存するリアリティだ。

これを書いている現在は二〇一七年で、〈3・11〉から六年経過している。この六年で、日本社会のありようは実にダイナミックに変わった。分断のありようもさまざまに変容し、多様になった気がする。分断によって生まれる緊張も、確実に増したと思う。現在の日本社会に存在している緊張感や、その原因である分断の多くはもはや、それが〈3・11〉の影響によって生じたものなのかどうか、判断のつきづらいものになっている。政治的な、社会階層的な、地域的な、世代的な、とにかく実にいろんな分断が、社会のそこかしこにある。そのことが相当顕在化したと、僕は感じながら、現在の日本社会を生きている。

たとえば、政府と自分との分断を僕は感じる。国家を運営する際の態度がみるみる力づくなやり方になってきていることに対して、あきれている。自分のための政府ではないのだと感じている。そして、これはたとえば原子力発電所や放射能をめぐる問題のようには〈3・11〉と直接関わりのあることではないのだが、それでも、日本の政府の態度がこのように変容したことは大きな意味で〈3・11〉の影響の一環なのだと、感じている。

二〇一六年に起こったブレクジット（二〇一六年に起こったイギリスのEU［欧州連合］の離脱問題のこと）、あるいはドナルド・トランプ米大統領の誕生といった衝撃的出来事があって以降、ひとつの国家・地域内において分断が進行する、という事態は世界的な趨勢のようにもなった。その視点からだと、現在の日本社会は、その世界的趨勢からまったく無縁というわけでもない、というふうに見えもするだろう。けれども、僕の印象で言えば、日本の社会は二〇一一年の〈3・11〉を大きな契機にしてすでに分断が、その顕在化が、はじまっていた。

もっともそれは、〈3・11〉以前から存在していた、しかしさほど存在感の強くなかった分断が〈3・11〉とその後の社会の動きや流れによって顕在化されたということなのだ。少なくとも〈3・11〉以前、それらは、少なからず潜在的な状態に留まっていたのだ。それが今や、はっきりと目に見えるようになったということなのだ。

二〇一七年現在を、〈3・11〉から六年、ととらえることは難しい。少なくとも、そのようなとらえかたをすることは日本社会の風潮においてもはや一般的なものとは言い難いと、僕は思う。二〇一七年という現在ははるかに、〈東京オリンピック〉まで三年、として認識されているのではないだろうか。

なぜそんなことが起こるのだろうか？　日本社会のメイン・ストリームはもうすっかり〈3・11〉のことを忘却してしまったのだろうか？

六年という時間は、〈3・11〉発生直後に抱いたさまざまな強い感情が、薄れかけ、忘れかけられていくとしてもいたしかたないと言ってしまえるだけの長さなのだろうか？　人が現在の生活を、六年前という決して大昔ではないが、かといって、ついこのあいだ、というわけでもない過去に起こった悲しくネガティヴな出来事からもたらされるイメージをそこに重ね合わせながら送り続けることより、近い未来に待ちかまえる世界的一大イヴェントがおのずともたらす前向きな気持ちとともに送ることを選好するとしても、それはもっともなことだ、と言えるだろうか？

日本社会が現在を、〈3・11〉後、ととらえる以上に、〈東京オリンピック〉前、ととらえているのだとしても、それは日本社会が〈3・11〉を忘却していることをあらわしているわけでは必ずしもないだろうと僕は思う。現在を〈東京オリンピック〉前というふうにとらえることと、〈3・11〉後ととらえることは、同じ硬貨の表と裏、といった関係であるように思うからだ。つまり両者は、ある意味で同じだ。

〈3・11〉と〈東京オリンピック〉は、出来事それ自体のレベルにおいては互いに無関係な二つのそれぞれの事柄だ。であるにもかかわらず、二〇一七年現在の日本社会を生きる私たちにとって、来たるべき〈東京オリンピック〉を〈3・11〉とのなんかしらの関連づけのもとにとらえるのは、むしろとても自然な心性であると、僕は思う。日本社会の構成員である僕たちは〈東京オリンピック〉のことをどこかで、〈3・11〉から立ち直り、かつ乗り越えるために行われるものであるかのように認識していやしないだろうか？　また、〈3・11〉から目をそらすためのものとして〈東京オリンピック〉が機能していることを、承知していやしないだろうか？

〈東京オリンピック〉は〈3・11〉の、陰画なんじゃないだろうか？〈東京オリンピック〉は〈3・11〉の、そうと直接言及したくないために婉曲的に言う言い方なんじゃないだろうか？〈東京オリンピック〉は〈3・11〉の否認なんじゃないだろうか、つまり、認めない、という仕方でその存在を認めるということを、やっているんじゃないだろうか？

でもこのことは、現在の日本社会という特定の、時代的および地域的コンテクストを共有しない人にとっては、あるいは理解することの困難な、もしくは不可能なことかもしれない。たとえば、百年後の日本社会を生きる人々には、〈3・11〉と〈東京オリンピック〉とが当時の日本人にとってコインの裏表のようなものだったというのは、理解可能なことであるだろうか？〈3・11〉後、を〈東京オリンピック〉前、と言い換えたい動機について、その心当たりが僕自身の中に存在しているから、最後にそれについて書きたい。

〈3・11〉直後に僕はある種の、日本社会の未来に対する希望、ポジティヴなヴィジョンを抱いた。どのような希望か？ なぜポジティヴなヴィジョンなど持てたのか？ あれだけの大惨事のあとに。

社会には改善するべき点が山ほどある。しかし、どのように改善するべきなのか見当がついている場合であっても、それを実行するのは難しい場合も多い。現状のありようを変えようとすることは、なにかと抵抗にあう、エネルギーの要ることだからだ。

けれども、そんなことを言ってられない事態が起こったときは、話は別だ。〈3・11〉はそういう事態だと、当時の僕には思えた。これだけの惨事を日本社会は、自らをより成熟した判断基準で運営される、よりリベラルなものに発展させていくための契機としていくに違いないし、そうでなければならないはずだ、と僕は、簡単に言えば思っていたのだ。これから日本の世の中は、日本の政治は表面をつくろってその場しのぎをするようなことをやめて本質を議論するような体質のものに変化していくだろう、そして世の中は問題の根本をみつめながら少しずつよいほうに変化していくだろう、といった気分を、当時の僕は抱いていた。いわゆる〈災害ユートピア〉と呼ばれる心の状態であったのかもしれないにしても。

けれどもその後の日本社会に現実に起こった動きと流れは、ほとんどそれとは正反対といえるようなものだった。

こういうとき、〈3・11〉発生直後に自分が未来に対してある種のポジティヴな、希望と言えるようなものを抱いていたという事実をあたかもなかったことにしたくなるような、心の働きが生まれる。それを忘れようとするのである。それを忘れれば、〈3・11〉がもたらした未来への希望が挫かれた、というふうに考えなくてよくなるからだ。

そして、〈3・11〉を引き受けることでこの社会をよりよいものにすることができたかもしれないという可能性は忘却し、かつ、その忘れられるべきポジティヴさの代替物として〈東京オリンピック〉を、それがもたらしてくれる前向きな気持ちや盛り上がりや、分断を解消し統合をもたらしてくれる可能性を、用いようとする。

こういうことではないのだろうか、僕たちが、ほんとは〈3・11〉後、と認識しているはずの現在状況を、そうではなくて〈東京オリンピック〉前、という言葉遣いで言い表そうとしたがるのは？

（以上は、二〇一一年以降に僕が〈3・11〉後の状況をテーマにしてつくったいくつかの演劇作品、『現在地』『部屋に流れる時間の旅』などの内容や、その制作に取り組んでいた頃に考えていたことなどを念頭に置きながら書かれた。それらの作品について説明や解説などを、本文では行わなかったが、それらの演劇作品に反映されているコンセプトや当時の自分の考え、自分にとって問題であったことなどを、芝居とは異なる形式や仕方で、本文においても反映させたつもりでいる）。

コラム

岡田利規氏の作品を翻訳して考えたこと

ハイケ・パチケ

二〇〇六年八月、ミュールハイム・アン・デア・ルール（Muelheim an der Ruhr）というドイツの都市で、国際演劇祭の一環としてポエッツ・アヘッド（POETS AHEAD）という朗読会が開催された。五月にポエッツ・アヘッドの主催者から、岡田利規著『三月の5日間』という芝居の台詞の一部の翻訳依頼を受け、喜んで引き受けることにした。それは、私の岡田利規氏の作品との最初の出会いであった。依頼の台詞は、若者の言葉がよく使われているという難しさもあり、翻訳する上で大きな挑戦でもあったが、小説とは全く違う非常に魅力的な台詞であったので、とても楽しい翻訳作業となり、大変強く記憶に残った。

その後、二〇〇八年に、岡田は、ケルン市にある日本文化会館で演劇と小説の相違、及び自分の作品について講演した。その際、その後岡田の殆どの芝居の脚本を翻訳することになった日本の演劇の研究者で、日本学者のアンドレアス・レーゲルスベアガー教授が通訳した。『三月の5日間』の著者に是非知り合いたいと思い、ケルン在住の私は、日本文化会館に足を運んだ。講演中、『三月の5日間』のビデオが部分的に幾つか流されていて、それを見る機会が与えられ、非常に嬉しかった。折角のチャンスだったので、岡田の講演後、舞台に近づき、自己紹介した。『三月の5日間』の一部を翻訳したということをお伝えしたところ、岡田は大変親切に私の質問にお答え下さり、最後に『三月の5日間』のDVDをプレゼントして下さった。その時、胸が感謝の気持ちや幸福感で一杯になった。そして、その出会いは、一生忘れられない思い出となった。

同二〇〇八年に、岡田利規著の『わたしたちに許された特別な時間の終わり』が第二回の大江健三郎賞を受賞した。大江健三郎賞は、選評の代わりとして、大江氏と受賞作家との公開対談が行なわれ、受賞作品が英語・フランス語・ドイツ語のいずれかで翻訳され、刊行されるという決まりがある。岡田の作品がドイツ語に翻訳されることになり、大江氏の作品のドイツ語訳を出版しているドイツのフィッシャー出版社が、岡田の作品のドイツ語訳も出版することが決まった。

同年、大江健三郎氏は、自分が書いた小説のドイツ語訳を紹介するために来独し、フランクフルト・アム・マイン市の文学館とケルン市の日本文化会館で朗読会を行った。フィッシャー出版社の担当者は、偶々その時通訳をしていた私に、岡田の小説の翻訳を打診してきた。私は大変嬉しく思い、その依頼を是非引き受けたいと思った。まずはテストされたが、合格したので、結局その依頼を引き受けることができたのである。

『わたしたちに許された特別な時間の終わり』は、『三月の5日間』と『わたしの場所の複数』という中編小説の二作からなっている。両作の主人公は、とてもハードな毎日の生活を送っている、現代日本の若いフリーターで、彼らの内面が描写されている、普通の小説とはずいぶん違う岡田の小説は、非常に魅力的である。

脚本版も存在する『三月の5日間』は、アメリカが、イラクへ宣戦布告し、アメリカ軍がイラク空爆を開始した二〇〇三年三月二一日（アメリカでは二〇日）、この日を間に挟んだ5日間における数組の若者たちの行動を描く作品である。六本木のライブハウスでのあるパフォーマンスと、そこで初めて出会った男と女が、渋谷のラブホテルで五日間一緒に過ごすという話が中心となっている。印象に残ったことが三つある。一つは、六本木のライブハウスで行われ、外国人が主催する、アメリカがイラクへの攻撃を開始することへの抗議デモ等のテーマについてのライブトーク・パフォーマンスの描写。二つ目は、九州からわざわざやってきた、若い時にベトナム戦争に反対した経験のある中年男性のマイクの前の話と、マイクの前に立つかどうかということについて長く考え込んだり、悩んだりする若者とのあまりにも大きな差。そして、三つ目は、語り手の若い男性の「ここが日本じゃないような気分になっていた。そしてこの気分は、僕と女の子とがこのあとこの場所を出てホテルに行き、そこで五日間をすごしたあいだ、ずっと感じ続けることになったものだった。[1]」という考えであった。

『わたしの場所の複数』は、アルバイトを勝手に休んでいるあるフリーターの女性は、一日中、とても貧しい部屋のベッドの上で、インターネット・サーフィンをしたり、夫のことを考えたりして過ごしているという話である。その作品で特に興味深かったのは、タイトルに書いているように、語り手の女性の「わたし」が、同時に全然違う場所にいるように書かれているということである。実際は自分のベッドの上に横になっているのに、バイト先の夫の行動を細かいところまで描写したり、しかも自分も彼の傍にいるように想像していることもある。その語り口は非常に刺激的で、色々と考えさせられる。また、彼女のインターネットで見つけた、あるコールセンターの従業員のとても苦しい労働条件についてのブログも深く印象に残っている。

『わたしたちに許された特別な時間の終わり』という本のタイトルについても、色々と考えた。両作品、それぞれに、ある物語が語られているのではなく、ストレスの多い、忙しい毎日の生活から勝手にタイムアウトを取ってしまった日本のフリーターの若者の気分が描写されている。しかし、そのタイムアウトは、格好いいサバティカルではなく、『三月の5日間』では、二人の主人公は、五日間渋谷のラブホテルで過ごし、『わたしの場所の複数』では、主人公の女性は、行くべきアルバイトを勝手にさぼっている。前者では、二人の男女は携帯の電源も消し、「時間が分からないままでいる」[2]ことにしているのだが、5日後にお金が無くなると、「永遠にずれ続けていきたいと思っていることの許される特別な時間の終わりが始ま」[3]る。一回は二人が途中ホテルを出るが、その時渋谷の街を歩いたら、女は「フラットな渋谷の中を、光の溜まっている水のないとても広いプールの底を歩き回るような気分で歩いている」[4]ように思われ、「日常のモードではない、それとは少し別のモードの中で」[5]過ごしているような気分であることに気付き始めるのである。「いつもと変わらないはずの渋谷を、まるで旅先の街を歩く時のよう」[6]な気分でいるのである。その若い男女にとっては、この5日間の毎日の生活からのタイムアウトは、「特別な時間」が許されたような経験になるのである。『わたしの場所の複数』では、アルバイトをさぼるフリーターの女性は、一日中、細かく描写されている黴臭くて、貧しい部屋のベッドの上で、インターネットでサーフィンをしたり、夫のことを考えたり過ごしているだけである。「わたしは、今日をせっかく休みにしたのに、外出なんて、そんな億劫なことをわざわざする気はまったく起きなかった。それに、外に出ればなにかとコンビニに入ってしまったり、コーヒーを飲んだりして、お金がかかってしまう。」[7]と書いているように、外出といった選択肢は実際にない、ということは明らかになる。

二〇一〇年、同フィッシャー出版社から私は岡田の『距離、必需品』及び『問題の解決』

の翻訳も依頼された。『距離、必需品』という短編は、よく外国に旅行する、ある舞踊家が空港や飛行機で何を感じ、何を考えているか等の内面の描写である。語り手がその舞踊家自身ではなく、家にいる彼の妻であることや、そのことによって彼女のコメントも読めるし、夫婦関係にも焦点が合わされているので、その魅力を尚一層高めている。

『問題の解決』は、東日本大震災後、東京から逃げだして熊本に引っ越した若い夫婦についての短編であるが、ここも夫婦の人間関係や、度々外国に出張する芸術家の内面が語られている。この作品も、妻の立場から見た物語ではあるが、夫のベルリンでの経験や考え等が話の中心となっている。この作品については、何頁でも書けるほどの数多くの感銘を受けたが、二つだけここで挙げておくことにする。一つは、ベルリンにあるユダヤ博物館の訪問やその印象の話である。「複雑な印象を抱いたから言葉にするのが難しかった。[8]」や「かつて自分たちが迫害した民族の歴史と文化の資料をこのように膨大に集めて、それをこれだけ強烈な存在感の建築物のなかに収める、そういうプロジェクトをこうして実現させるドイツという国の、なんというか、凄みというか。[9]」等と細かく描写している主人公の芸術家の印象は、非常に興味深かった。もう一つは、「ベルリンのユニークなギャラリーが［中略］世界中から総勢三十人ほどビジュアル・「アーティスト」やパフォーミング・「アーティスト」を呼んで、地元のベルリンを拠点に活動している数人の建築家たちとのコラボレーションを、野外の会場で行う、そうした趣旨のエキシビションを企画している。[10]」という話で、「天井が吹き飛ばされた福島第一原発」[11]を想起させるような、「天井がない、外壁の羽目板がところどころ、故意に外されて、劇場と言っても不完全なもの、未完成なもの」[12]の劇場でパフォーマンスをするというような話が語られている。なぜ感銘を受けたかというと、岡田は、その後、二〇一二年に、実際にベルリンのテンペルホーフという前空港の野原で、まさにそういう劇場で福島に関連した、岡田主宰の演劇カンパニー「チェルフィッチュ」によるパフォーマンスを実現しているからである。残念ながら、その作品を生で見ることができなかったが、インターネットで見ることができた。それもまた、色々と非常に考えさせるパフォーマンスであった。

二〇一一年一〇月、ケルン市のBauturmという劇場で、岡田の芝居『Hot Pepper, Air Conditioner and The Farewell Speech』の「チェルフィッチュ」による公演があった。もちろん見に行った。ちょうどその時期、『わたしたちに許された特別な時間の終わり』の翻訳の締め切りが迫り、最後に確認したいところがあったので、公演前の岡田に会って、直接聞く機会が与えられた。公演前で、岡田は大変忙しかったであろうに、親切にも三時間も割いて下さった。ちょうど紅葉の時であったが、一時間一緒に、大震災があった日の思い出などについて色々と話し合いながら、ケルンの公園を散歩し、イタリア・レストランで夕食を食べ、そこで翻訳上、自信のないところを確認させて頂いた。その後、一緒に劇場へ行ったが、岡田のこの芝居も胸に迫った。あまりにも興味深かったので、二日間あった二回の公演のどちらも見ることができた。

その後も何回も岡田の演劇カンパニー「チェルフィッチュ」の公演を見に行った。二〇一二年に『Current Location』、二〇一四年に『Super Premium Soft Double Vanilla Rich』、二〇一六年に『Time's Journey Through a Room』の公演を見たのである。どれも非常に興味を惹き、魅惑されるもので、胸を打たれた。ここで、残念ながら全ての印象を述べておくことができないが、去年見た『Time's Journey Through a Room』について一言だけを述べておきたい。その公演は、まだとても新鮮に私の頭に残っているからである。その作品は、東日本大震災後まもなく亡くなった女性の幽霊とそのまだ生きている主人との、大震災後の深い哀しみと並行して社会の変化に関する大きな希望があったという雰囲気についての会話が中心となっている。特に幽霊の女の自分の変化についての話は、私自身に色々と連想させてくれた。例えば、彼女の、大震災後、色々な意味で自分の生活をゼロから新しく出発できるような雰囲気や、自分が他人に対する態度を変えたことなどの話は、非常に興味深く思った。なぜかというと、大震災と比較にならないような出来事ではあるが、私が経験した両独の壁の崩壊の時も、東ドイツの市民の私たちもゼロから新しく出発できるような雰囲気を感じたのである。転換期のそういう雰囲気を彼女と自分が経験したという共通点があったのではないか、と感じた。公演を見た時、どうしてか、あの時のことを思い出して、転換期の時の雰囲気について改めて考えざるを得なかったのである。

その後、『ブレックファスト』と『女優の魂』という短編も熟読した。それも、機会が与えられたら、是非翻訳したいと思っている。これから出版される岡田の作品を読むことや、または芝居を見ることを心から楽しみにしている。

注

1 岡田利規著『わたしたちに許された特別な時間の終わり』新潮社、四二頁。
2 同、六八頁。
3 同、六八頁。
4 同、五六―五七頁頁。
5 同、五六頁。
6 同、五七頁。
7 同、一一四頁。
8 岡田利規『問題の解決』「群像」二〇一一年二月号、三八頁。
9 同、三九頁。
10 同、三七頁。
11 同、四一頁。
12 同、四一頁。

I　文学・演劇の想像力

文学というメディアの可能性
——吉村昭の『三陸海岸大津波』という記録文学から〈3・11〉後の「震災文学」まで

ハラルド・マイヤー　桑山裕喜子訳

1　刊行四〇年後一夜にして、ベストセラー入り、吉村昭著『三陸海岸大津波』[1]の再発見

私は東日本大震災を、日本国内の被災地から比較的近いところではなく、遠いドイツの地にて受け止めました。けれども、その破局の余波は実に具体的な形で私自身の生活にも、つまり二〇一一年の春と夏の予定変更という形で及んできました。というのも、二〇一四年三月一四日から早稲田大学での研究滞在に出発する予定でいたのですが（これはもちろん、ビザ申請からホテル旅館での予約まで）すべて準備は整っていました。けれどもその時、政府及び東京都はある種緊急事態の最中にあったため、早稲田大学から研究滞在の予定を見送るよう伝えられました。航空会社のＪＡＬはそのとき非常に手際よく、フライトキャンセル、旅費の払い戻しをしてくれま

した。普通ならば必要な飛行キャンセル理由の申請なども必要なく済みました。しかし旅費が戻ってくるかどうかといったことは私の一番の懸念ではもちろんありませんでした。一番の懸念は、現地で実際に被害にあった多くの人々、ある意味で日本国民全体を案じるものでした。ほぼ二〇年以上の間、日々向かい合ってきた国としての集団・日本を思い憂いていました。テレビやインターネットといったマスメディアを通して報道されるその破局的な状況は、たとえ一万キロを超える距離を隔てたところから見ても、比較対象がないほどショックなものでした。二〇一一年の春は一日一日、一週一週がもはや完全にマスメディアに支配されたものとなりました。特に、画像、視覚的なものが私たちに強く訴えかけてきました。次々と押し寄せてくる津波の波、繰り返し止まることなく煙を出し続ける福島の原子炉。その報道は、数週間後にドイツ語圏内のメディアから消えていくか、いずれにせよ単発の報道に限られるまで、変わらず流れ続けていました。私は一人の日本学者としての倫理的義務（とはいえ、ドイツ語圏内のほかの日本学者よりも強く、とは思っていません）を感じ、何かしらの形でこのテーマにきちんと取り掛かっていかなければ、と感じていました。しかしながら目の前に繰り広げられる最新のものは、その時点で既に気が遠くなるような、また当惑するような、私にとって重荷となるものに思われました。これが「格好の」テーマになるとは、しかしながら意識して考えませんでした。数週間後、地震や津波一般という、より大きな分野のうちに自分の課題を見出すに至るのですが、これは一つの偶然によって起こることになります。それが後に、私のお気に入りのメディアである文学を扱うことになるとは、そしてそのときいかにしてそれが可能であるのか、といったことはその時点では全く不明のままでした。

しかしながらその後間もなく、改めて日本への渡航が決まりました。その時大多数の外国人、特に欧米人は二〇一一年三月一一日以降、日本から戻る方向にあったにも関わらずです。仕事の面から、そして私的な立場からも、自分自身のやり方でこの大惨事をいかにして消化していくべきかが明らかになったのは、五月の始め、大阪のとあるホテルの一室においてです。NHKテレビでは、地震の被害者への賠償金措置の決定についての会議が中継で流れていました。そこで民主党のとある議員が、当時の首相である菅直人に対し、声高に批判的に問いつめているところでした。その議員が高く掲げた右手には吉村昭の本がありました。「首相、この本読みましたか。ここにすべて載っているじゃありませんか。本来ならば知っておかなくてはならなかったことがすべて載っています。ここにいるすべての方に、吉村昭さんの『三陸海岸大津波』を一度読まれることをお勧めします！」。

すぐ近くにあった本屋では、この『三陸海岸大津波』が一瞬のうちにベストセラー入りとなり、すぐに売り切れとなってしまいました。それでも、私のなかでは既に、ここに自分の課題があると見きわめていました。つまり一万人の日本の人々と共に、吉村昭の作品を読むことに決めたのです。このすでに四〇年前に書かれた本はこのような形で改めて発見され、著者自身の死後になってからベストセラー入りを果たすに至りました。文藝春秋社によると、東日本大震災後、新たに四刷りで五万部を増刷した上、二〇一二年の最初の半年までにはさらに三万六千部増刷したそうです。売れ行きはその後また下り坂になるにせよ、これがベストセラーであることは確かです。決して見過ごしてはならないのは、一九七〇年代の初頭から二〇一一年の三月までの累計発行部数がそれでも四万九千部だそうですが、実はこれは吉村昭という著名な作家にしては、他の作品に比べ平均を下回るものでした。

『三陸海岸大津波』はもともと、二〇〇六年に七九歳にして亡くなられた吉村昭による、様々な出来事の印象について語られた一連の作品集のうちの、余り目立たない一作品でした。この作品集にはまずフィクションの短編に続き「戦争文学」への貢献として、実際に起こったことを語った作品、そして数多くの歴史小説が挙げられます。最初は一九七〇年に『海の壁三陸沿岸大津波』[2]という名前で発行され、二〇〇四年には『三陸海岸大津波』という今の、新しい名前で文庫本として発売されるようになりました。私は一九九〇年代に大学生活を送っていた頃、吉村昭の歴史小説『ポーツマスの旗』[3]（一九七九年刊行、日露戦争後のアメリカ、ニューハンプシャー州、ポーツマスにて締結された条約をめぐる劇的な交渉を題材にしたもの）をはじめとする吉村昭のその他の作品を通し、彼の全集にも少なからず通じてはいたのですが、三陸海岸の津波の歴史について扱った彼の作品については、それまで全く注意が向いていませんでした。そしてこれは、二〇一一年三月一一日の大震災直後、あっという間に一転することになります。今考えてみれば、ＮＨＫテレビに映った、とある一議員の、いわば間接的な「お勧め」を無視することもできたはずです。

しかし私は正反対に、この本をどうしても手に入れたくなったのです。好奇心がゆすぶられ、しかしすぐ近くにあった本屋では売り切れていたため辛抱強く待たなくてはなりませんでした。これはまず、吉村昭が日本社会の求めているもの、過去実際にあった災害を通じて、地震と津波についてよりよい知識を得ること、そして感情を込めてきちんとこのテーマに向き合うこと、これらを押さえていることを示すひとつのしるしであると考えました。

2 「津波の兆候」の描写と一つの文学作品が持つ可能性

吉村昭による『三陸海岸大津波』の内容について事細かにここで論じる必要はないと思います。既にドイツ語訳とコメントについては、別のところで論じてあります。[4] これは単なる訳本ではなく、一九六六年の『戦艦武蔵』[5]や一九七三年の『関東大震災』[6]といったその他の記録小説に加え、吉村昭自身の自叙伝『私の文学漂流』[7]、さらに吉村昭の妻であり、同時に著名な作家でもある吉村節子の作品『紅梅』[8]その他の抜粋を盛り込んでいます。同様に、二〇〇四年初版の文庫版に「解説」を書いたノンフィクション作家、高山文彦の言葉にもふれています。高山文彦は二〇一一年に『現地ルポルタージュ「三陸海岸大津波」を歩く』[9]、またそれに続いて出版された『大津波を生きる　巨大防潮堤と田老百年のいとなみ』[10]において同じテーマを扱った作家でもあります。津村さん（吉村節子）も高山さんも、二〇一二年の夏、インタビューを快く引き受けてくださいました。このインタビューは、私の出版した本にも収録されており、非常に参考になりました。まとめると、年代順に吉村昭の生涯と全作品について初めてドイツ語で包括的に紹介、そしてきちんと評価している本です。

またここで付け加えておきたいのは二〇一二年にボン大学で開催された「メディアコンテンツとカタストロフィ（大災害・大惨事）」という題で開催されたシンポジウム、そしてそれをもとにした同題の論文集（ハラルド・マイヤー、西山崇宏、ラインハルト・ツェルナー編集、Harald Meyer, Takahiro Nishiyama, Reinhald Zöllher [Hrsg.] Media-Contents und Katastorophen, IUDICIUM, 2016）についてです。ここで私は自分の担当のところで津波カタストロフィ（大惨事）の前兆について、吉村昭が『三陸海岸大津波』において、どのように描写しているのかについて取り扱いました。ここで過去の津波災害の前兆は、驚くべきことに、「例年にない大豊漁」、「井戸水に異変（井戸水の減少、渇水又は混濁）」、「砂浜が露出し海が引いて行く」、「『ドン』という音がする」といったふうに描写されていたのです。そういった描写の印象をそのまま伝えるために、作品では証言テクストの一部分のみが引用されたそうです。それは、一八九六年の明治時代の津波についての描写そのものので、以下の通りです。

宮城県本吉郡唐桑村の根口万次郎という予備歩兵は音響をきくと同時に敵艦来れりと叫んで剣をつかんで海岸に走り、他の町村でもロシア艦の来攻にちがいないと混乱が起こった。[11]

日清戦争後、地方の住民の間でも、強国ロシアとのさらに悲惨な衝突・対立が待っていることを懸念する人たちがいました。そしてこの不安により、状況を観察していた人たちも、津波の兆候を全く間違って受け取ってしまうのです。このエピソードも、作品中に出てくるその他の一つひとつの詳細と同様に、著者の綿密な調査に基づくものです。

そのような兆候をほかの文献や作品からも見つけるよう努めてはみたのですが、吉村昭による描写の精確さと比較できるものに出会うことはできませんでした。特に印象的なのは、証言者から与えられた津波の兆候に対して注意を高めることや危機感を持つよう促す、といったことをせずに、さっぱりと、そして客観的に吉村が実際にあったことをそのままに記述している点です。彼の作品にはところによって、息をのむような描写があります。しかし決してくどくなることがないのです。

今日となっては防災警報システムというものがあります。これは現代技術及び科学の成し遂げた、非常に驚くべき功績の一つです。しかしながら、そういった現代の津波の専門家たちが、吉村昭が過ぎ去ってしまった過去を想って集めた、人間的感知による非常に繊細な情報に注意を向けるということはあるのでしょうか。そして吉村昭の、文学というメディアを通した、歴史的津波カタストロフィの物語的再構築が明らかにするその感覚の鋭さは、いったい何を物語っているのでしょうか。

この問いに関し、吉村昭がたった一人例外的に、関連しているというわけではないことを示す例があります。例えば長いことインターネットで検索し続けた結果見つかった、東北大学の地質学者・岩石学者である石渡明さんです。彼の著した『地震の前兆の可能性がある自然現象』という題で書かれた「東日本大震災前兆現象アンケート説明文」の中には以下のようなことが記されています。

この発光現象は午後の明るい時間帯に見られたので、かなり強い光だったはずです。もしこの発光現象が地震に関連するものであれば、この時刻だけでなく群発地震が発生していた8日〜11日頃に何回も発光現象があった可能性もあります。これらの発光現象をご覧になった方がいらっしゃいましたら、石渡までご連絡ください。［……］[12]

吉村昭によって明らかにされていた津波の兆候について、科学研究者である石渡明さんがその後自身の研究で言及するということはないのですが、それでも、発光現象という言葉が出てくる、という点では確かに一致しています。

しかしながら吉村昭の文学作品の中にある、そういった現象の描写、描写のより繊細で、一つひとつの詳細に対する、度肝を抜くような忠実さは圧倒的です。この手慣れた作家である吉村昭が、語り継がれてきた伝統により明らかにされてきたような事柄について、きちんと感知し、後世へ向けて形あるものにしていくことができた唯一の作家であるということは明らかでしょう。この証言、そして〔兆候[13]〕感知の可能性が、早期警戒システムの技術を補うものとして真に受け得る、などというのがほぼ不可能であるのはもちろん確かです。早期警戒システムを補うものとして見るためには、描写されている現象はあまりに曖昧すぎたり、一時的な話にしかあてはまらなかったり、といったこともあると思います。しかし吉村昭の示したことは、このような〔技術的な[14]〕段階のお話なのではなく、むしろ、人間的で感情的な領域一般の中にあるものと言えます。つまり、そういった集団的なトラウマ的経験を消化していく、改めて理解するという次元にあるということです。この論文はしたがって、こういった作品においては、慰め・癒しとしての文学という側面があるということ、そして、テレビや諸々の電子媒体、その他のソーシャル・メディアに比べ、より生き生きとしたメディアである、文学に内在する、代替不可能なポテンシャルを前提にしているものだと考えています。

3　メディアとしての文学と今日――なぜ吉村昭の『三陸海岸大津波』が〈3・11〉後ベストセラーになったか

吉村昭の作品の創作において目立つのは、広範囲にわたって証言を活用している点です。と同時に吉村昭は、人間の記憶力のメカニズムをとても繊細に扱い、現実的なものとして見ています。すでに彼の『戦艦武蔵[15]』の下準備に際して吉村昭は、同一の歴史的出来事が、証言者によって大きく異なって、また人によっては矛盾をきたす形で記憶されていることがある、ということに気づいていました。それはつまり、一つひとつの証言に百パーセントの信頼を置くことができないということです。吉村昭はそのため注意深くありつつも、証言をはっきりとした印象深い形で、文章を生き生きとしたものに仕上げるよう活用しています。しかし、まさしく主観的な視点がいくつも現れることによって、その緻密で生き生きとした全体像が現れる、ということがすでに『戦艦武蔵』において見てとれます。それも、無根拠な虚構の要素を排除します。吉村昭は時には歴史家のような仕事もしていました。ただ、典拠を示さない、引用や集めた多くの情報を非常に品よく織り交ぜるといった形で、歴史家の持つある種の重々しさのようなものは明らかに抑えられています。彼の作品の記述は、記録を残すような形をとっています。しかしながら書かれた文章は、『三陸海岸大津波』の場合、歴史家による描出というよりも、どちらかと言うと、一つの映画（といってもこの場合はドキュメンタリー映画の脚本でしょう）に近いと言っていいでしょう。というのも、ストーリー展開の起こる場が雰囲気良く描写され、登場人物の気持ちや考えが常に、これ以上ないと言ってよいほど、本物らしく目に見えるかたちで描かれているからです。それでいて、あくまで主観性という範疇から出ていってしまうことがないのです。その生き生きとした様子、言葉、描かれている様子が直接目に浮かぶようにできている緻密さは、多くの登場人物の語りによって生き生きとした感じがでている点、そして様々なところにちりばめられた、登場人物の考えや気持ちといったところの引用と活用——これらすべて、吉村昭の「文学」に特有のものであると言ってよいでしょう。というのも、ここで言及していることは文学的叙述の仕方の特徴一般のことともいえるからです。『三陸海岸大津波』の場合、これらすべての要素を確認することができます。つまり、これらの要素が、作品中のどこにあるのか、著者自身によって使用された資料によって、そして実際の現場での会話といった、その後の調査によって、一つひとつの詳細にわたり、その信憑性を証明していくことも可能である、ということです。ここで、作品のジャンルとして選ばれていたのがノンフィクションであったことが思い出されます。

文学というメディア、あるいは創造的文章（ノンフィクションであれ、フィクションであれ）が人間的真実の探求のようなものに関与しているということは、特に英語圏、ドイツ語圏の文学界においてはもうかなり前から議論の余地のないものとなっています。フィクションであっても、単なる嘘のお話と一緒にしてはいけません。むしろ、フィクションは、特別な文学的執筆の仕方として、それもそこにおいてぴったりの表現でもって、私たちが現実的だと感じる何かを抑えなくてはいけないのです。吉村昭の記録的、事実的文章は、文学的執筆範疇としてのフィクションには属しません。しかしながらそれは、純粋なノンフィクション文学でありながら、登場人物の言動が非常に現実味あるものとして、そして描き出される主観的感情の段階が常に実感を伴うものとして現れてくるのです。これは吉村昭の他の作品で、似たテーマについて扱った『関東大震災』[16]においても傾向として見ることができます。

この作品はちょうど、関東大震災からだいぶ経ってから書かれたものです。けれど、当時の大震災を経験した証言者への広範な聞き取り調査によりできたもので、吉村昭が、いわば無数の現実の詳細を描写する著者として有名になるきっかけとなった作品でした。ここでも一つ、『戦艦武蔵』のときの作品の創作と似たものを見つけることができます。

吉村昭はのち、その生涯を終えるまで、この強い記録的執筆を目指す傾向を保ち続けます。それは、一九七〇年代以降集中して取り組んでいた歴史文学についてのいくつもの小作品においても、同じことが言えます。とはいえ吉村昭にも、数十年前に災害や事件に実際に関わっていた人々がどんどん亡くなられていく中、戦後一五年にして次々と証言者が限られていくという現実から、戦記文学の専門を諦めざるを得なくなる時が来ます。しかしながら、歴史文学のラベルのもとにあった自身の作品において、吉村昭は、ノンフィクションという範疇から、とても現実的な記録的フィクションというカテゴリーへの転換を果たします。それも、彼自身の成し遂げた広範な証言調査と分析による、一つひとつの非常に細やかな事実、ストーリー展開の現場や、登場人物の会話に非常に忠実であるのみならず、感情を直に感じ取ることができるような引用の仕方、非常に厳密に使用された著者自身の想像力のたまものです。

記録小説を書くという作品の創作方法、ノンフィクションの形で書く書き方から見ると『三陸海岸大津波』は、著名な小説家としての吉村昭の人生の最初の一〇年間のうちで特に典型的作品として見ることができます。ただ一つ、典型的でなかったのは、大きな実績を残すまで、彼の作品にしてはかなりの時間がかかったことでしょう。このいわゆる大きな実績が約束されるのは、彼が亡くなってからのこととなりました。これは社会的、外的な状況・情勢を見てみると説明がつきます。吉村昭のその他の作品は戦後一五年目を迎えた頃、集団的トラウマが未だ十分に消化できていない状態だったこともあり、よく売れました。反対に、『三陸海岸大津波』の場合、戦後、まだ国家集団的トラウマとなるような津波・震災が起こっていなかった時期に出版されました。悲しいことに、これは二〇一一年の三月一一日に一転することになるのです。

吉村昭の作品は文学的作品が、その効能からいって、今日の電気・電子メディアによるものとは全く違う可能性を、読者に与えているという、いわば文学作品の不変的な側面について、非常に印象的な例を提供しています。ドイツ語圏、日本においても、若い世代一般の読書率が、戦後の世代よりも低くなっている、ということはどこかで当てはまる気がします。それでも、注意して区別すべきところがあります。読むという行為は今でも行われています。これは「メディアの転換」以前のように文学というメディアでもってものを読むということが比較的頻繁でなくなった、ということであり、この「メディアの転換」は戦後のテレビやインターネットの登場でもって、そしてポストモダンのすべてのサブ・メディアでもってその特徴を明らかにしたものです。特に、古典的な小説といったものは、総じてどんどん読まれなくなっていくばかりで、それでも文学が単なる敗者のメディアという位置づけに落ち着かずにすむと言えるのは、吉村昭の『三陸海岸大津波』あってのことなのかもしれません。

福島の（地震・津波・原子炉事故という）三重の震災害を契機に、そして日本社会全体に広がったその影響、つまり以上に挙げた具体的な例でもって、文学というメディアの持つ可能性が再び明らかにされました。それは、非常に集団的、文化的記憶を残す実に創造的なメディアであり、絶えず思い返し、回顧を可能にするものであり、非常に厄介な人間の根本的傾向である忘却ということに反抗していくメディアである、ということです。同時に、文学というメディアは、集団の悲惨な経験を単に痛々しい形で呼び戻すのではなく、経験のトラウマ化をそぎ落としていくところに積極的に関与しているといえます。つまり、文学は個人・集団双方の経験を受けとめ、理解するほかに、慰め、癒しを与える、ということです。文学は同時に、過去の人間の経験を次の世代に生き生きと語り継ぎ、希望や解決策のようなものまで残していくというかたちで、過去と現在と将来の間に立つものでもあります。この機能は確かに歴史学に重なるところがあると思いますが、文学というメディアは、この歴史学の領域を、独自の仕方で、それも美的・感覚的な仕方で押さえています。そして、文学というメディアはそれゆえに、直接に、私たちの感情に非常に強く訴えかけ、読書する際に起こる笑みや、涙をもたらすのです。

『三陸海岸大津波』のシナリオに書いたような描写は、目の前に直に広がる像を作り出し、それは、テレビやインターネットで見られる〈3・11〉の像を非常に意義深い形で補ってくれます。またテレビやインターネットで見られる像を何かしら相対化してくれるところもあると思います。物語の中で映し出される、木の高さにまで及んだ寄せる波の像は、驚くべきことに直接に、そしてもはや読者自身が身体的にも危険を感じ得るほど、訴えかけてきます。これほどの共感という現象は不可能では、というほどの感情が、電子メディアや日刊紙といった距離を隔てた受動的観察によるよりもずっと、ひしひしと伝わってくるのです。読者によって読んだ際に感じ取られるものは異なるにせよ、この直に伝わってくる効果の可能性は常にあると言ってよいでしょう。これはドイツ語圏の文学研究において数十年来認められてきた現象であり、いわゆる作用・受容（美学）研究において研究されている分野であります。つまり読者は、テレビで放送される写真・画像やインターネット・サーフィン等情報の嵐による経験よりも、ずっと強い効果をもって、物語られていることに関与させられていく、ということです。先ほど挙げた高山文彦は、吉村昭こそ、〈3・11〉のような大きなカタストロフィを先見する作家である、という言葉を残すのですが、そのような力とエネルギーを物語の文章は発展させていくことができるのです[17]。実際にも吉村昭は、自身の広範な調査からか、明治・昭和の津波というカタストロフィが、いつまた起こるのか、あるいは、歴史的津波カタストロフィがいつ克服されていくのか、といった問いは、悲しいことにも時間の問題でしかない、と考えていました。これはドイツ語で世にいう「読書は人を育てる」ことを指し示す範例であると思います。書くことはさらに……ということをここで付け加えたいところですね。

文学作品の作り手という立場からして言えば、文学というメディアにはまた、歴史家や社会・自然学者に比べ、もっと幅をもって、そして現在起こっていることに対しより素早く反応ができるという可能性があると思います。学問という体系に比べ、文学は従って、速度を持つものとしてのポテンシャルを持っていると言えます。しかしまたテレビやインターネットといったメディアと比較すると、このポテンシャルが劣るのは確かです。さらに、記録文学における速度というものは、より詳しい調査の必要性の結果、非常に抑えられてしまいます。単に純粋なフィクションや抒情詩・詩歌を書くことは、場当たり次第でも可能ですが。

しかし文学というメディアは決して速さがものをいう分野ではありません。美の持続可能性と人間の深みのようなもの、そして何より言葉の豊かさ、成熟さが何よりものをいう領域です。他の学問と比べて、文学はたとえほんの少しの差であっても、世により早く送り届けることができるものだと思います。そしてそれによって、間に立つ形で世界に対し警戒を呼びかけることができます。この警戒や生の助けといったことも、しかしながら具体的に手を貸してあげる、ということなしに、また所謂人生の意味といったものを持ち出すことなしに。それぞれのかたちで人間的実存の意味と目的を巡ってきた数百万もの物語でもって、この文学というメディアでは、読者にとって何かしらの意味をなしうるような、時に読者に直接に働きかけ、少しでも力となってくれるような、微かな含みのようなものが表現されているのです。一般にあてはまるもの、あるいは普遍的なものなどについて考える、読者自身の自省的考察といったいとなみが、これによって育まれていくのです。

4　結論と次なる課題――震災文学、「〈3・11〉文学」、新しいジャンルの確立か

日本政府は二〇一一年〈3・11〉日直後、その時の状況を、一九四五年戦後の国家的崩壊以来初の大惨事であると説明しました。このコメントは確かに地震・津波震災といった次元が大きな歴史的文脈の中で非常に大きな立ち位置を占める、と考える人々にとっては一つの救いとなりました。しかし、政治的にはそれゆえに、決して正しい発言であったとは言えません。より鋭い視点を持つ歴史家の視点から見れば、この発言はむしろ、間違っていると捉えられています。戦争というカタストロフィは事実として、二〇一一年三月一一日のように地震・津波・原子炉事故と三重に重なった大災害と比較できるものではなく、そのような比較自体が時代錯誤であり、根本的に異なる要因と余波を持つという意味で、完全に的はずれであるという理由からです。しかしながら集団的危機的状況の感覚については、多かれ少なかれ比較が可能かもしれません。そしてここに文学というメディアの可能性が開くのです。文学は言葉によって、そしてそれによって出来上がる像によって、事態を理解、把握、受けとめていく可能性を開きます。死や枯渇とは反対に、常に希望である生き残ること、生活の立て直し、そして新しい目標が生き生きと湧き上がってくることを通し、文学は慰めや癒しと同時に頼もしさ・力強さのようなものを与えてくれるのです。壊滅的な破壊力から、文学作品は建設的な事後理解と、言葉でもって道しるべを示す形で、非物質的・物質的損害の双方を止揚する力を育てていくのです。

吉村昭の『三陸海岸大津波』は「記録」と評されてきましたが、それは後から考えると、今日出まわり始めた「震災文学」（あるいは震災後文学）というジャンルにあてはまる、一つのノンフィクション作品であると考えます。というのも、この「震災文学」という表現は同様に、昨今受容されるようになった表現である「〈3・11〉文学」と並行する表現として認めるべきものであり、したがって遡っても二〇一一年に初めて使用されるようになった表現であるからです。今日では、インターネット上の電子機器を通した新聞記事からブログなど、あらゆるところで、「震災文学」あるいは「〈3・11〉文学」と、日本近代文学史にとって大きな意味を持つ、特に一九五〇・六〇年代の「戦争文学」というジャンルとが比較されているのを見てとることができます。そこにおいて正しいとして扱われているのは、一五年間も続いた戦争のトラウマを消化するのに大きな役割を果たしたと言える戦後の戦争文学の潮流から、〈3・11〉にまつわる文学作品が生まれるまで、特別な事態として極度に差し迫ったテーマを取り扱う、ということがなかったという点でしょう。この比較は本質的に二〇一一年と一九四五年を「国家的カタストロフィの年」であるとみる考え方よりは妥当であるように見えます。二〇一一年以前に地震や津波に際して発行された文学作品を、時を遡るようにして持ち出すというのは、しかし避けるべきことだと思います。というのも、「震災文学」あるいは「〈3・11〉文学」というものが、実際に戦争文学のようにジャンルとして確立されていくかどうかまだわからないからです。おそらく、今の段階で、一つの確かなジャンルとして見るというのは少し早すぎるでしょう。また、震災文学及び「〈3・11〉文学」

という表現も、従来よくあるラベル張り、あるいはとにかく何かしらの範疇の中に入れてしまおうとする、有力な出版社や文学者たちの要望に当てはまるのでは、と思われるのです。「震災文学」はおそらく、ひとまず、震災文学全集といった刊行物が現れたときに、一つのジャンルとして確立されたと考えることができるようになるかもしれません。しかしそういった刊行物はまだ出版されていません。

内容に関しても、そして物語の語り方から言っても、「震災文学」あるいは「〈3・11〉文学」に属すると考えられる作品には、吉村昭の『三陸海岸大津波』の比較対象として必ずしも扱いきれないところがあります。それぞれ異なる文学作品のうち一二作品前後のものが今のところ、「震災文学」及び「〈3・11〉文学」というラベルのもとに位置付けられています。最初期のものの一つとして、二〇一二年春に出版された福井晴敏の『小説・震災後』[18]が挙げられます。このフィクション小説では、震災被害に直接遭ったわけではない、ごく普通の一サラリーマンの人生が、震災を通して大きく変わっていくことについて扱われています。その中にこのような文章がありました。

「被災地の人たちには悪いけど、ここだけは無事に済みますようにって、本気で祈ってる自分が情けなくて……」[19]

「こんな時だけど、そろそろ未来の話をしようか」[20]

「行ってみるか、被災地に」[21]

これらの架空の登場人物の会話は、文学という方法でもって、震災にまつわるあらゆる問題について表では語られないような深いところを反省的に照らし出しています。このような耳が痛い発言は私たち読者の心を揺さぶります。それは、このような発言のうちに自分自身を見出すことができるのと、そのような自分がいることに気づくという、自己反省を迫られるからです。福井晴敏はさらに、彼の他の作品でも一貫してみられる、書く動機のようなものに対し実に忠実であり続けます。上記の引用からもわかるように、架空の対話を通してある種の未来の議論のようなものを作り上げていきます。未来へと向けた様々な考えやメッセージなどが、福井晴敏にとって、人間の経験を芸術的に再構成する際に中心的な役割を果たしているようです。福島の(地震・津波・原子炉事故という)三重で起こったカタストロフィを背景とし、社会的・個人的な未来への問いといったものは、このようなフィクションに属する作品で示されるように、確かに非常に強い力を持っていると思います。

非常に有名な女性作家である川上弘美の場合、日本の日常生活の中で、福島の震災を通して起きた不安定さのようなものを、直接迫ってくる脅威として直に描くのではなく、非常に純化されたかたちで、日本にいるすべての人間が二〇一一年三月一一日に、より深いところで関わっているということを描写しています。この、すべての人が震災に関わっている、という示唆はその他の「〈3・11〉文学」のすべてに当てはまる点と言えます。それは正しいことであり、またそれによって、大事な点を言い当てていると思います。というのも、東北地方に住んでいながら、直接被害を受けなかった地域に住む人々は、おそらく、時が経つにつれてさらに、忘却や記憶の置き換えのような方向へと向かっていくと思います。これは人間の自己防衛という自然な反応として、ある程度理解することができます。しかしながら文学作品はこのような人間の傾向を明らかにし、それが倫理的に認められないという面をきちんと明らかにしてくれています。

川上弘美は一九九三年、『神様』[22]という名前の短編でもってデビューしました。二〇一一年、この短編を新しく編集、改編したものを『神様２０１１』という名前で出版しました。ここでは、福島以降、すべてのもの、すべてのことがもはや、福島以前と同じようにはいかない、ということを強調しています。結びに、今までふれることができなかった、遠く震災地域に住む人々の日常生活が、深く私たちに襲いかかってきた事態を通し、もはや後戻りのできないもの、と同時にまた永遠に変化するものでもあるという点を示唆しています。そこで川上弘美は私たちの、震災からほどよい距離を持つ生活の中で、ますます静かで安定した日常性が戻ってきてくれるという私たちの願いを揺るがすのです。

二〇一一年の三月末に、わたしはあらためて、『神様２０１１』を書きました。原子力利用にともなう危険を警告する、という大上段にかまえた姿勢で書いたのでは、まったくありません。それよりもむしろ、日常は続いてゆく、けれどその日常は何かのことで大きく変化してしまう可能性をもつものだ、という大きな驚きの気持ちをこめて書きました。[23]

また、著名な女性作家津島佑子、多和田葉子、そして桐野夏生は震災にまつわるテーマにおいて、いわゆる文学的力量を示してきた世代の代表者として、力強く、説得力ある形で作品を残しています。また、年配の大御所ともいえる池澤夏樹も、〈3・11〉を改めて理解しなおすような、従来通り、非常に質の高い作品を残しています。その他多数の若い作家たちについては既に、津田塾大学の文学研究者木村朗子さんの『震災後文学論　あたらしい日本文学のために』[24]というエッセイ形式で書かれた学術的な作品解説の中で紹介され、非常に印象深く分析されています。驚くべきことは、この木村朗子さんのように古典的日本文学の専門家が、こんなにも早く、こんなにも献身的に、この新しいテーマに着手し始めた、ということ、そして、既に確立していそうで未だ確立していない「震災文学」及び「〈3・11〉文学」という表現よりも、明らかに好印象を残す表現を選んでいる、という点です。

これがそれらのジャンルの確立に貢献することになるかどうか、実際のところはまだはっきりしません。「毎日新聞」のデジタル版の記事に信憑性のある、非常にひやっとさせるような冷静さを映すコメントが見つかりました。

出版会で震災文学は売れないといわれる。テーマの切実さにまだ手に取れない人はいるだろう。[25]

「震災文学」あるいは「〈3・11〉文学」が本当に昭和の「戦争文学」と比較できる重さを持った文学的ジャンルとして残っていくのかどうかは、これからの数年間で決まることになるでしょう。そこにおいて懸念を抱くのは、福島原子炉の問題は悲しくも、いくつもの世代を超えた、長期的問題として残っていくにも関わらず、この新しく起こったヴァイタリティ溢れる文学的方向性が、ひょっとするとその躍動性が衰えていく危険を抱えている、ということです。本来ならば、この問題は「〈3・11〉文学」の遺産として、ずっと引き合いに出されていくべきものです。考えうるのは、同様に、未来に生じるであろう地震・津波・カタストロフィが、悲しくもまた、今日の「震災文学」を改めて注目させるようになる、という言わばある種のシナリオが目に浮かぶことです。ひょっとしたら、二一世紀の未来の作品も、今日の最新テーマ〈3・11〉にまつわる作品と比較され、先駆的作品である『三陸海岸大津波』が非常に卓越した作品であったことを思い出すときがくるのかもしれません。

断定できることは、吉村昭の福島について未だ直接言及していない、少し古い作品が大ベストセラー入りしたこと、それも〈3・11〉をめぐる最新の作品はこのような大成功を収めていないにもかかわらず、です。この具体的な理由を推測するのは非常に難しいと思います。創造的で、芸術的なメディアとしての文学には、ある種の不確実性のようなものが常についてまわってきます。それは、ベストセラー成功の元がなんであるのか確実に言い当てられないことや、はたまた未来の成功作品をより良いものへと作り上げていくために、現在評価されていない作品やそれに対する出版者側の負担を説明することが非常に困難であるといった理由のひとつでもあります。ベストセラーというものは、予測不可能なものです。これは、「震災文学」や「〈3・11〉文学」の場合のように、どんなに人々に急を要して求められていても、変わることなく、ベストセラーは常に突然、予期なくして起こるものなのです。

注

1 吉村昭『三陸海岸大津波』文藝春秋社　二〇〇四年三月一〇日。
2 吉村昭『海の壁三陸沿岸大津波』中公新書、一九七〇年七月。
3 吉村昭『ポーツマスの旗』新潮社、一九七九年一二月。
4 ハラルド・マイヤー『Die großen Tsunami der Sanriku-Küste – Dokumentarische Literatur von Yoshimura Akira (1927 – 2006)』(Iudicium, 2013) 参照。
5 吉村昭『戦艦武蔵』新潮社、一九六六年。
6 吉村昭『関東大震災』文藝春秋社、一九七七年。菊池寛賞受賞。
7 吉村昭『私の文学漂流』筑摩書房、一九九二年。
8 吉村節子『紅梅』文藝春秋社、二〇一一年。

9　高山文彦『現地ルポルタージュ「三陸海岸大津波」を歩く』文藝春秋社、二〇一一年九月。
10　高山文彦『大津波を生きる　巨大防潮堤と田老百年のいとなみ』新潮社、二〇一二年一一月。
11　吉村昭『三陸海岸大津波』文春文庫、二〇〇四年、二三頁。
12　http://www.cneas.tohoku.ac.jp/labs/geo/ishiwata/index_j.hem（二〇一二年一二月一八日取得）。
13　訳者補足。
14　訳者補足。
15　吉村昭、前掲書。
16　吉村昭、前掲書。
17　高山文彦「吉村昭『三陸海岸大津波』の先見」（http://www.sankei.jp.msn.com/life/news/110408/art11040814330003-n1.htm、二〇一一年四月八日、二〇一一年五月二六日取得）。
18　福井晴敏『小説・震災後』小学館、二〇一二年三月六日。（https://www.shogakukan.co.jp/books/09408704 より取得）
19　同上、八三頁。
20　同上、一八頁。
21　同上、九〇頁。
22　川上弘美『神様』講談社、一九九三年。
23　川上弘美『神様２０１１』講談社、二〇一一年九月二〇日、四四頁。
24　木村朗子『震災後文学論　あたらしい日本文学のために』青土社二〇一三年。
25　「東日本大震災5年　文学／作家を駆り立てたもの　「戦争」以来の切実なテーマ」毎日新聞、二〇一六年三月一〇日付、（http://mainichi.jp/articles/20160310/dde/014/040/006000c より取得）。

動物と亡霊——破局の時代の生存のエクリチュール

清水知子

1　文化と野蛮の行方

人間のいない風景に動物たちがいる。

震災のあと、破壊され静寂に包まれた町中を徘徊する動物たちの姿を目にした。人間に飼育され半ば人間化した犬や猫たちだけではない。青々と生い茂る植物、養豚場から逃げ出したブタ、アスファルトの路上を闊歩するダチョウたち。その光景はどこか異様で、そこがすでに日常ではないことを物語っているように思われた。放射能の汚染はすべてのものに等しく降りかかる。そのとき私の脳裏をよぎったのは「死の中への廃棄」というミシェル・フーコーの言葉だった。動物たちは何かとてつもない出来事が起きたことを確かに感じとっていたに違いない。にもかかわらず、ひとえに荒廃した地を放浪するその光景は、外傷的に「死に至らしめる」のではなく、「死ぬにまかせる」生権力がそのまま作用している現実を目の当たりにしているように思われた。

　一方、一九八六年四月二六日にチェルノブイリ原子力発電所の事故が起きてから、三〇年以上の歳月が経とうとしている。人類史上最悪と言われたチェルノブイリ原発周辺の立入禁止区域《ゾーン》には、青々と廃墟を覆う植物、オオカミ、ヘラジカ、イノシシ、クマ、オオヤマネコ、シカ、その他多くの動物たちが住み着き生命に溢れているという。人間がいなくなった立入禁止区域は、期せずして野生生物の楽園に変わり、希少なヨーロッパオオヤマネコや、この付近でほぼ一世紀近く見ることのなかったヨーロッパヒグマなど、大型の草食動物や肉食動物も多く確認されているというのだ。ある生物学者はこう言っている。「放射能レベルが動物たちにとって安全であるというわけではありません。彼らのDNAが損傷を受けていることは確実ですが、土地開発や人間が居住することのほうが、野生生物にとっては脅威であるということです」と（ウェンドル、二〇一六）。果たして、チェルノブイリはいま「死の森」ならぬ、「動物たちの楽園」と言えるのだろうか。

　カタストロフィという言葉は、「転覆」、「大変動」を意味するギリシア語「katastrophe」（「kata」は下方、「strophe」は覆す）に由来し、その後、キリスト教で「世界の終わり」を意味する「アポカリプス」と結びついて長く西欧の文脈で語られてきた。だが、現代のカタストロフィを特徴づけているのは、もはや自然災害《カタストロフィ》でも道徳的破局《カタストロフィ》でもなく、「悪を働く人々から悪が独立している」ことを特徴とするシステム的な性質を帯びた出来事である（デュピュイ、ix）。なぜならそれは、合理的にリスクを管理し、未来志向の発展に向かう文明のなかにあらかじめ含みこまれているからだ。つまり、現代のカタストロフィは、高度な技術文明による破綻という「新しいリスク」によって生じているのである。

アルジュン・アパデュライは、現代のグローバルな力学を特徴づける風景を「エスノスケープ」、「メディアスケープ」、「テクノスケープ」、「ファイナンススケープ」「イデオスケープ」という五つの「スケープ」で切り取ってみせた（アパデュライ、二〇〇四）。この重層的かつ解離的な「スケープ」は、今日の風景が、文化的、政治的、経済的にきわめて流動的で不安定《プレカリアス》な状態にあることを示している。それは、新しい風景の条件であり、同時にまた新しい権力のあり方でもある。カタストロフィは人間の脆弱さを浮き彫りにする。そして、人間と自然、人間と社会との関係を生々しく断ち切り、人間から言葉を奪う。

震災のあと、ある種の失語症状態に陥ったひとは少なくない。じっさい私も何を語っても薄っぺらに感じ、どの言葉に対しても「足りない」という不毛さだけが募った。震災を通して、メルトダウン、ベクレル、セシウム、そしてシーベルトという言葉を初めて知った。自分の無知を思い知ると同時に、自分がそうした言葉を知らずに過ごせる生活を送ってきてしまったことを身をもって感じた。〈3・11〉という出来事は、この国がそれ以前に抱えていた諸問題を鮮明に可視化した。

東日本大震災から七年が経とうとするいま、「災害ユートピア」は影を潜め、「復興」という言葉とともに、寄る辺なさと不安定さが日々高まっている。二〇二〇年の東京オリンピックは、震災を乗り越えた日本を世界に演出するための格好のトピックとなり、忘却に拍車がかかっているように思われる。

〈3・11〉以後の社会を生きるということは、この未曾有のカタストロフィが日本の社会にもたらした数知れぬ亀裂と押し寄せる忘却の波にどう向き合うのかということではないだろうか。「震災」と「復興」を繰り返し、歴史的な蓄積がなされない日本という「悪い場所」に生きるものとして、私たちはみな日々それをためされている。だからこそ私たちには、人間が再び自然と関係を結び、社会を構築し直すための物語が必要なのだ。では、それはどのような言葉で、どのような物語なのだろうか。

2　破局とクマの時間

東日本大震災以後の物語について考えるとき、川上弘美の「神様2011」(『群像』二〇一一年六月号）は二つの意味で決定的に重要である。ひとつは、二〇一一年〈3・11〉日以後、多くの人々が失語状態に陥り、「物語ることの倫理」が強く問われるさなかに、原発事故と放射能汚染について語る物語の口火を切ったことだ。それにより、東日本大震災を自然災害ではなく、「地震でも津波でもない原発事故と放射能汚染」こそが問題であり、「単なる天変地異による震災文学ではなく、原発人災の文学」という新しいジャンルを切り拓いた（木村、一八一―一二〇頁）。

もうひとつはより本質的に重要な問題である。それは、〈3・11〉以後、その出来事をめぐって誕生した最初の語りが動物の物語であるということだ。じつは、震災後、何にもまして私が向き合いたいと思ったのは動物をめぐる問いだった。以前から折に触れて動物についてじっくり考えたいという思いはあったが、いよいよこれ以上先延ばしにすることはできないと思った。じっさい〈3・11〉以後の文学は、動物と亡霊という「人間」に数えられないものたちが数多く回帰する場所となっている。

二〇〇一年に〈9・11〉が起きたとき、中沢新一が宮沢賢治の「氷河鼠の毛皮」に「非対称性の関係」の問題を読み取ったことを思い出そう（中沢、二〇〇二）。「氷河鼠の毛皮」ではクマがリーダーとなって人間たちが乗車している列車をのっとりクーデターを起こす。クマという「人間の想像力の根源に触れている動物」によるクーデターは、今日の世界がその根底に抱えた自然と人間との「圧倒的な非対称」を生み出す資本主義の構造的問題を浮き彫りにした。この非対称性は、ジャック・デリダが「獣は主権者である」という命題によって明らかにしたように、自身を獣ではないと信じて疑わない主権者の理性なき理性というパラドックスによって支えられている（デリダ、二〇一四）。

長い文明の歴史のなかで、動物はもっとも身近に、そしてもっとも露骨に人間の理不尽さにつきあわされてきた他者である。自然の概念を再検討し、人間に固有な主権の概念を問い直そうとするとき、私たちは動物と出会い直す。「震災後文学」の口火を切った川上弘美の「神様２０１１」が「世界の対称性の思考」を体現してきたクマの物語であることは、だから私にはとても重要なことのように思えた。知られるように、「神様２０１１」は一九九三年に執筆された川上のデビュー作「神様」をわずかに書き換えることによって誕生した物語である。しかしこの二つの物語が描き出す日常の風景は、震災前と震災後の二枚の写真がまるで異なる風景を映しだすように、まったく異なる意味をもって私たちの前に出現することになる。

まずは川上のデビュー作「神様」を見てみよう。そこではクマとの一日は次のように始まる。

くまにさそわれて散歩に出る。川原に行くのである。歩いて二十分ほどのところにある川原である。春先に、鴫《しぎ》を見るために、行ったことはあったが、暑い季節にこうして弁当まで持っていくのは初めてである。散歩というよりハイキングといったほうがいいかもしれない（「神様」五頁）。

クマに誘われて散歩に出るささやかな日常の一コマはこうして何気なく描き出される。しかし、「神様」に登場するクマは、宮沢賢治の「氷河鼠の毛皮」に出てくるような「非対称性」を打破する野蛮性はすでに持ち合わせていない。「雄の成熟した」クマは、その「大きさ」こそ「野蛮さ」をうかがわせはするが、いたって「紳士的な存在」である。むしろ、近隣住民に引っ越し蕎麦をふるまうほど「昔気質」で、人間の世界の掟をわきまえ、周囲に細やかな「配慮」をはらう「よき隣人」である。クマには人間を殺す「森の王者」としての怖しさはなく、野生的な動物らしさがあるとすれば、ふだんは人間と同じ発声法で言葉を喋るが、時折恥ずかしそうに喉の奥で「ウルル」と音をたてて笑うときくらいだ。

しかし、実のところ「神様」において、クマと人間がともに暮らしているとは言いがたい。なぜなら、クマの動物らしさ／人間らしさは、クマに誘われて散歩に出かける「わたし」の視線を通してつねに一貫して冷静に観察されているからである。クマが人間の世界で暮らしていけるのは、クマが人間の掟を破らない限りであり、人間による「寛容さ」によってその存在が許容されているかぎりのようにみえる。クマはもはや「自然界の首長」というより、人間に対して圧倒的に非対称な関係に身を置くきわめて貧弱で不安定《プレカリアス》な生を象徴している。事実、クマと出かけて部屋にもどった「わたし」は、別れぎわに「今日はほんとうに楽しかったです。遠くに旅行して帰ってきたような気持ちです。熊の神様のお恵みがあなたの上にも降り注ぎますように。それから干し魚はあまりもちませんから、今夜のうちに召し上がるほうがいいと思います」というクマの言葉に対し、その日の日記にこう記して物語は幕を閉じる。

部屋に戻って魚を焼き、風呂に入り、眠る前に少し日記を書いた。熊の神とはどのようなものか、想像してみたが、見当がつかなかった。悪くない一日だった（「神様」一六頁）。

「わたし」は「熊の神様」については理解が及ばないが、それでもクマがくれた干し魚を食べ、それを体内に取り込むことでクマと「わたし」のあいだには自然界からの贈与のつながりがつくりだされる。クマからの干物の贈り物は、「わたし」とクマとは互いに違うものでありながら、「わたし」がそれを食べることでささやかながら不均衡が是正され、そこには共通する地平がかすかに浮かび上がる。

一方、〈3・11〉以後に書かれた「神様2011」は、そのわずかな書き換えによって「あのこと」以来、それ以前とは確実に異なるものとなった日常の光景を浮き彫りにする。ただし、クマと人間の非対称的な構造は、「神様2011」になっても変わらない。もちろん、日常の風景は一変した。「神様2011」においてクマとの一日は次のように始まる。

くまにさそわれて散歩に出る。川原に行くのである。春先に、鴫《しぎ》を見るために、防護服をつけて行ったことはあったが、暑い季節にこうしてふつうの服を着て肌をだし、弁当まで持っていくのは「あのこと」以来、初めてである。散歩というよりハイキングといったほうがいいかもしれない（「神様2011」二三頁）。

「あのこと」によって放射能に汚染された世界では、外出するときには誰もが防護服を身につけ、ガイガーカウンターで周到に被曝量を測定している。この世界からはもはや子どもたちの姿は消えている。クマも念入りにガイガーカウンターで計測し、放射能に配慮している。しかし、この世界で「わたし」がクマと暮らす理由は以前とは変化している。「わたし」は言う。「わたし」がクマとともにいるのは、もはやたんにクマが「いろいろとまわりに対する配慮」にことかかない「紳士的な存在」だからではなく、クマが「この地域に住みつづけることを選んだ」からだ、と。だから「わたし」は自分と同じようにこの土地に暮らすことを選んだものとして、クマが風呂に入らずその体表の放射能が自分より高いとしてもそれを厭わない。

しかし、クマと「わたし」のあいだには依然として大きな壁が隔たっている。それを端的に示すのは、クマが「わたし」に干し魚を贈って一日が終わる物語の最後の場面である。別れぎわにクマは言う。「今日はほんとうに楽しかったです。遠くへ旅行して帰ってきたような気持ちです。熊の神様のお恵みがあなたの上にも降り注ぎますように。それから干し魚はあまりもちませんから、召し上がらないなら明日中に捨てるほうがいいと思います」。

「神様」と同じく、干し魚は一緒に散歩に出かけ楽しく過ごした「今日の記念」にクマが川でとった魚を開いて干した「わたし」への純粋贈与である。しかし、かつて「神様」では、「干し魚はあまりもちませんから、今夜のうちに召し上がるほうがいいと思います」と言っていたクマは、ここではもう「わたし」がそれを体内に取り込むことを必ずしも前提とはしていない。事実、「神様」では「わたし」は「部屋にもどって魚を焼」いていたが、「神様２０１１」では魚を食べないであろうことが暗示されて物語が終わっている。

部屋に戻って干し魚をくつ入れの上に飾り、シャワーを浴びて丁寧に体と髪をすすぎ、眠る前に少し日記を書き、最後に、いつものように総被曝量を計算した。今日の推定外部被曝線量・30μSv。内部被曝線量・19μSv。年頭から今日までの推定累積外部被曝線量・2900μSv、推定累積内部被曝線量・1780μSv。熊の神とはどのようなものか、想像してみたが、見当がつかなかった。悪くない一日だった（「神様2011」三六頁）。

レヴィ＝ストロースは生のものを自然のままで食べる「未開の存在」に対し、火にかけて変形させた「料理」こそが「人間の条件」だと論じた。「神様」では「魚を焼く」「わたし」とそうでないクマとの差異が「文明」と「野蛮」という関係性を暗示していた。しかし、放射能に汚染された「神様2011」の被曝世界では、人間と動物の差異は、放射能への配慮の強度によって描き直されている。「わたし」とクマのあいだには「あのこと」の以前も以後も、依然として変わらぬ断絶が維持されている。しかしその条件は、より重層的かつ複数的になっているのだ。

何より重要なのは、「神様」と「神様2011」の世界では、物語の根底をなすクマの位置づけが大きく変化していることである。正確に言えば、「神様」と「神様2011」では、物語の基底をなし、この世界を司る〈神様〉そのものの驚くべき交代劇が行われているのである。

一方の側には、つまり「神様」では、一見するとクマは人間に十分に配慮し、人間の掟に従属することでかろうじて人間とともに暮らすことが可能になっていた。しかし川上は一九九三年に「神様」を書いたときのことを想起してこう述べている。「万物に神が宿るという信仰を、必ずしもわたしは心の底から信じているわけではないのですが、節電のため暖房を消して過した日々の明け方、窓越しにさす太陽の光があんまり暖かくて、思わず「ああ、これはほんとうに、おてんとさまだ」と、感じ入ったりするほどには、日本古来の感覚はもっているわけです」、と（四〇頁）。「神様」では、たとえ「わたし」が「熊の神様」を想像することができなかったとしても、クマと「わたし」のあいだには、「万物に神が宿る」という自然界との「縁」が織り込まれており、「わたし」はその恩恵を身体のどこかで感じとったにちがいない。だからこそ、「わたし」には「熊の神様」を想像することができなかったとしても、クマと過ごしたこの日はけっして「悪くない一日」だったのだ。

しかし、もう一方の側には、つまり「神様２０１１」では、物語そのものに大きな地殻変動が起きている。川上はそのあとがきで人の手さえふれなければ、これまで通りひっそり微量の放射線を出しつつ地中で世界を見守ってくれていたはずのウランが、自然への人間の無責任な働きかけをどう感じているのかを問い、「原子力利用にともなう危険を警告する」ためではなく、大きく変化した日常への「驚き」と「最終的には自分自身に向かってくる怒り」をこめてこの物語を書いたと述べている。川上は問う。「やおろずの神様を、矩《のり》を越えて人間が利用した時に、昔話ではいったいどういうことが起こるのか」、「いったいぜんたい、ウランの神様は、こうやってわたしたち人間がウラン２３５たちを使役することを、どう感じているのだろうか」、と。そしてまた「今の日本をつくってきたのは、ほかならぬ自分でもあ」り、「この怒りをいだいたまま、それでもわたしたちはそれぞれの日常を、たんたんと生きてゆくし、意地でも「もうやになった」と、この生を放りだすことはしたくない」からだ、と記している（四三―四四頁）。

「やおろずの神様」から「ウランの神様」へ。この転換は、人間と動物、人間と自然界との関係に巨大な地殻変動を起こしている。「神様２０１１」の世界では、別れぎわにクマが口にする「熊の神様」という言葉は、もはや一九九三年の「神様」の世界よりもずっと遠いものとなっているのだ。クマは世界から完全に疎外され、クマからの贈与は人間の使役による原子力の汚染に対する配慮によって、断ち切られている。しかしそこでは「わたし」もまた、人間でありながら、人間による生産物がその手を離れ、もはや人間には追いつけないところまで行ってしまった「プロメテウスの落差」（ギュンター・アンダース）の渦中にいるのである。

こうして「神様２０１１」では、クマは自然の恵みを私たちに与えてくれる「対称性の体現者」たる「自然界の首長」であるどころか、人間の営みによる放射能の被害者へと転落している。それどころか、「あのこと」以来、人間にとって「クマを夢見る」ような自然との縁はもはや世界の忘却の淵に沈みこんでしまったかのようだ。「クマを夢見る」ことによって、人間は「時間と空間を抜け出た「どこにもない場所」に出て行く」のだといわれていた。「どこでもない場所」とは「人と動物がつながりあうばかりではなく、森羅万象のいっさいが縁起の理法によって影響を及ぼし」あう、「神話的思考のすべて」が発声した場所のはずだった（中沢、二頁）。しかし、もはやそうしたことを記憶している人間さえいなくなってしまったかのようである。「クマを夢見る」日常を喪失した人間と、数々の決定の帰結として破局をもたらした民主主義というシステム。川上は、そうした現実への「静かな怒り」のうちから、自らの作家としての原点だったクマの物語を召喚した。それは忘却の淵に追いやられた思考を呼び戻し、これまでの思想を根底からつくりかえるための物語なのである。

3　動物が人間化し、人間が動物化するとき

しかし、そもそも人間はいかにして自らを動物と峻別してその固有性を規定してきたのだろうか。ジョルジョ・アガンベンは人間が自らを他の動物と区別して認識するメカニズムを「人類学機械」と呼んだ。この機械は、人間／動物、人間／非人間という対比によって人間を規定しようとする点でつねに排除と包摂によって作動しており、「一種の例外状態、つまり外部が内部の排除でしかなく内部が外部の包摂でしかないような未確定の領域」を抱え込んでいる（アガンベン、五九頁）。

カタストロフィのあと、人間によって峻別され「人間ならざるもの」たちからなる世界につい

て私たちはどのように考えることができるのだろうか。〈3・11〉以後、「献灯使」や「不死の島」をはじめとする数々の「震災後文学」を描いてきた多和田葉子は、この問いを投げかける作家のひとりだ。

多和田の「動物たちのバベル」（二〇一三）は、大洪水のあと人間が絶滅した世界を舞台にした動物たちの戯曲である。動物たちは集い、滅亡した人間をめぐって言葉を交わしている。動物たちによれば、人間が滅亡したのはノアの箱舟に乗り遅れたからで、その理由はホモサピエンスをめぐる「設計ミス」だという。たとえばクマが、人間は「頭が変なところにくっついているから解剖学的にみて溺れやすい」と言う。するとリスが言う。「舵がない。だから細い枝の上でうまくバランスがとれない」。人間と親和性の高かったイヌは人間の偉大さがわかっていないと説き、「人間の尻尾は脳味噌のなかにある」と人間をかばうが、「それもちょっと変態かも」とキツネに追い打ちをかけられる。その結果、「人間は目が顔の側面についていないから、視界が狭かった」（リス）、「人間は耳が低すぎる位置についていて、耳の外に出ている部分が退化していたから、遠くの音がほとんど聞こえなかった」（ウサギ）、「人間は走るのがとても遅くて跳躍力もなかった。だからオリンピックにはホモサピエンスしか出られないという差別的な規則を作っていた」（キツネ）、「人間の鼻は鼻水を垂らすためにあるようなもので、においに関しては性能が悪かった」（イヌ）と、とうとう人間の悪口が続く。

人間が絶滅した理由はしかし、「設計ミス」からなる「欠陥」だけではない。動物たちによれば、人間を乗せなかったのはノアの箱舟の船長なのだと言う。船長は「美女で、下半身が魚」だった。そして人間たちはその船長を軽蔑していた。だから船長は人間を乗せなかったのだ、と。しかしより興味深いのは、人間たちは「お金を払って乗船券を買えば、誰でも船に乗れる」と思っていたが、「乗船券など存在しなかった」という事実だろう。人間たちは金銭による交換原理に支配された商品交換しか頭になく、贈与交換という根源的な想像力／創造力を喪失していたというわけだ。

もちろん人間と暮らすことの多かったイヌやネコと、リスやウサギ、キツネやクマといった野生動物たちのあいだには、人間に対する見方にいくらかの温度差がある。しかし、いずれにせよ彼らにとって最終的に「人間を褒め称えるのはとても難しい」。にもかかわらず、動物たちは絶滅したはずの人間に深く取り憑かれている。じっさい、動物たちの言葉の端々からは、いやおうなく「人間の変態文明」がうつり彼らが「文明化」していることがうかがえる。自分たちは「人間になろうとしたこともないし、これからなるつもりもない」と言いながら、しかし動物たちはいつしか人間のように衣服をまとい、不眠症に悩み、「テレビの推理ドラマ」から知識を取り入れ、サービスポイントを集め、気がつけば「健康のことばかり」話しているのだ。

それがもっとも明晰に現れるのは、動物たちがバベルの塔の建設に協力しようと集う第二幕である。旧約聖書の『創世記』では、「バベルの塔」は神の下にまで届く巨大な塔を建設しようとした人間の傲慢さ、愚かさを戒める物語だった。「バベル」は「混乱」を意味する町の名である。

神は「彼らが一つの言葉を話す一つの民だから、こんなことをするのだ」と、互いの言葉が通じないように言語をバラバラにし、塔は未完成に終わる。転じて「バベルの塔」は「空想的で実現不可能な計画」を意味するようになったはずだ。

しかし、「動物たちのバベル」では、いささか話が異なっている。ここでは「バベルの塔」は政府が建設を予定している「要塞」を指す。要塞の外壁は放射能を通さない。上から見下ろすと渦潮のかたちをなし、中央には「インターネット、携帯電話、テレビ、ラジオなどあらゆる波」を管理できる塔がある。塔はあらゆる襲撃からも、伝染性のイデオロギーからも防御するのだという。さらに要塞の外壁のなかには住居が造られる予定で、建設に無償で協力したものは要塞のアパートにただで住めるというのだ。

この「要塞」は、中央の管理塔によってあらゆる情報を制御ないし検閲するのだろう。それは、「復興」をうたい、しかし現実として、経済的にも、技術的にもとても完遂しそうにない日本社会の現状を映し出しているかのようだ。事実、すでに「政府は店じまい」しようとしている。防衛大臣は辞表を出し、「文化大臣は言語障害、大蔵大臣はサラ金に追われて逃走中、環境大臣は鼻風邪を引いて放射線治療を受け、元気なのは建設大臣だけ」だ。しかし、そもそも完成しない理由は明白ではないか。危機に対するこの計画は、放射能をコントロールするという、人間にも動物にもとても不可能な「空想的で実現不可能な計画」なのだから。にもかかわらず、動物たちはひとえに建設がはじまる日を待ち続け、危機は解決されることなく先延ばしされる。

刻々と過ぎてゆく時の流れのなかで、動物たちの衣服は廃れ、開いた穴からは身体に生えた毛が見える。第三幕では、彼らはもはや人間と動物の中間のような状態になっている。とはいえ、彼らはけっして「人間」ではない。むしろ、彼らは「人間ではないことの良さ」を探すために徹底してダイアローグを重ねていく。「外国語が一つもできない者を笑ってはいけないという法律」について。最近、消えてしまったたくさんの死体について。そして寝不足とは何かと問う動物がいれば、「朝早くから夜遅くまで働かないとならない奴隷がかかる病気」だと応じ、奴隷とは何かと問う動物がいれば、「危ない職場で働かないと食べていけない境遇に追い込まれた者のこと」だといった具合に。

なるほど、動物たちが吟味していく言葉には人間の記憶が深く刻印されている。しかしそれは、彼らが「人間とは違う社会をつくる」ために、「非人間的未来のビジョン」に向けて人間とは違うやり方で世界をつくりだすためだ。この点において、彼らは愚直なまでに政治的である。たとえば、大洪水のあと「みんなで一つの建物を建てる以外に選択肢はない」というクマに対し、しかし「弱い者の集まり」に必要なのは権力者でも大統領でもプロジェクト・リーダーでもないという声があがる。そこで動物たちは、ボスではなく「翻訳者」を案出する。「翻訳者」とは「自分の利益を忘れ、みんなの考えを集め、その際生まれる不調和を一つの曲に作曲し、注釈をつけ、赤い糸を探し、共通する願いに名前を与える」ものだ。「翻訳者」はクジ引きによって選出される。それはとてつもなく非合理的な仕方である。しかしその光景は、選挙によって選ばれた有能なエリートが支配する代表制ではなく、古代アテネのデモクラシーさながら「とるにたらない」者＝デモス（民衆）による自己統治の原点を想起させるものだ。

では、敵という考え方がすでに過去のものとなったはずの世界において、動物たちが最も恐れているものは何か。それは亡霊である。イヌは言う。「わたしは敵の軍隊ではなくて、亡霊が恐い」。亡霊とは「現前的でありながら同時に非現前的」で「いまここで目のまえに見えるものでありながら同時に見えないもの」である（デリダ二〇〇七、一三頁）。言い換えれば、それは、いま目の前にある舞台で演技する俳優の身体がいまそこにないものを召喚する「演劇の身体」を想起させるものだ（東、六頁）。

私たちはここで、「動物たちのバベル」が戯曲であるという事実に立ち返るべきだろう。戯曲は舞台空間で生起するものだ。テクストの文字は上演のための設計図であり、痕跡である。じっさい戯曲のテクストには、あえてそれを強調するかのように「どの役も俳優は女でも男でもいい」というト書きが簡潔に記されている。誰かが動物を演じているという現実。つまり、俳優たちが演じている動物たちは「いまここ」には実在しないという事実。舞台の動物たちは、いま目の前にありながら同時に見えない亡霊的／幽霊的存在なのである。では、彼らが演じる動物たちは誰／何に向けてそれを演じているのか。戯曲の宛先《アドレス》とは誰／何か。

動物たちは大洪水というカタストロフィのあと人間は絶滅したのだと思っていた。しかし動物たちは舞台の最後になって、亡霊を発見するかのように観客である人間を発見する。人間は動物たちの知らないどこか他の「安全」なところからカタストロフィ以後の世界を眺めていたのだ。そう、演劇を見る観客のように。あるいはテレビをみる傍観者のように。一度は限りなく人間化しそうになった動物たちは、ここで再び観客である人間に対象化され、「剥き出しの生」たる動物へと転落したかのようにみえる。立入禁止区域《ゾーン》のなかで健康を案じ、とりとめのない不安に取り憑かれ、自然をコントロールしようとする巨大な権力に追従するしかない、人間ならざるものたちの亡霊であるかのように。

しかし、動物たちが演劇というスペクタクルを鑑賞する観客である人間たちにこう呼びかけるとき、まなざしは反転する。それまで動物を「見る」べき対象とみなしてきた人間＝観客の立場は、突如としてここで「見られる」対象へと反転するのだ。動物たちは「劇場に芝居を見に来ている人間だけが生き残ったのかも知れない」と思いつつ、こう問う。「あなたは人間の生き残りですか」、「あなたは、今回の大洪水で奇跡的に生き残った一人の人間として、これからどんなことをしたいと思いますか」、「人間的な顔してるね。人類滅亡の原因はどこにあると思いますか」。観客＝人間が自らが逃れてきた過去の責任へと呼び戻されるのは、まさにこの動物たちからの問いかけを目の当たりにするときである。観客＝人間はこのときはじめて、動物と人間、役者と観客が同じカタストロフィ以後の世界に存在しているという事実だけでなく、人間＝観客が、動物たちと同じ世界にいるにもかかわらず、自らがそこに分断線を引いて世界を眺めていたという事実に気づかされるのである。それは、演劇を観る経験であるだけでなく、動物と人間、死者と生者の複数の時間と場所が生起する現場に亡霊とともに立ち会う「いまここ」での体験なのだ。
舞台は、夏のにわか雨のように天井から観客の頭上に辞書が降りかかる場面で幕を閉じる。分断された歴史的時間を前にした者たちに「翻訳者」になれ、といわんばかりに。あるいは、瓦礫のなかから生まれる新しい言葉で世界を思考しろといわんばかりに。

動物たちをめぐる物語は、分断された歴史的時間を可視化する。その光景は一方で、人間的な生と動物的な生のあいだにひろがる分断が、生きるに値する生とそうでない生とを区分するカタストロフィ以後の新しい「人類学機械」の装置として駆動する恐怖の可能性を想起させる。しかし同時に私たちは、その物語がカタストロフィの時間を逆転させる可能性を示唆していることを忘れてはならないだろう。デュピュイが引用する「ノアの寓話」を思い出そう。ギュンター・アンダースによるこの小品は、ノアがいまだ生じていない死者を悼む場面を演出するものだった。「その破局はいつ起きたんだ?」と尋ねられると、ノアは「明日だ」と答える。「洪水がすでに起きてしまったときには、今あるすべてはまったく存在しなかったことになっているから」、ノアは「未来」を現在に召喚し、「その時間を逆転させるため、明日の死者を今日のうちに悼む」のである。「あの話が間違いになるように」、破局が起きないようにするための意識と行動を呼び起こすためだ(デュピュイ、一五頁)。

私たちは、破局の後の世界を描いた動物をめぐる二つの物語をノアの寓話と同じように受け止めることができるのではないだろうか。ありえないとされてきた「あのこと」と、文字通り現実となった「大洪水」の後をいかに生きるのかという問いは、しかし、その出来事がもたらされた条件の布置を問うと同時に、「あのこと」を「いまここ」に召喚するこれらの物語を「未来」の物語として読む可能性を問うことでもある、と。

地球の振動を深々と感じ取った身体はもはやこれまでと同じではいられない。カタストロフィ以後に生み出された数々の分断とひずみのただなかで、私たちは世界をこれまでとはべつの仕方で立ち上げなくてはならない。なぜなら、私たちは破局の「後で」考えているようにありながら、じっさいには次の破局の「前夜」にいるからだ。だから動物たちは、分断された歴史的時間のはざまから語り始める。「人間」が消失したところから始まる未来のために。

参考文献

アガンベン、ジョルジョ『開かれ』岡田温司、多賀健太郎訳、平凡社、二〇〇四年
東浩紀「批評とは幽霊を見ることである」『ゲンロン5』二〇一七年六月号、六―一一頁
アパデュライ、アルジュン『さまよえる近代』門田健一訳、平凡社、二〇〇四年
ウェンドル、ジョン「事故から三〇年、チェルノブイリが動物の楽園に」『ナショナル・ジオグラフィック』ルーパー荒井ハンナ訳、二〇一六年四月二六日、〈http://natgeo.nikkeibp.co.jp/atcl/news/16/042100148/〉
川上弘美『神様２０１１』講談社、二〇一一年（「神様」および「神様２０１１」所収）
木村朗子『震災後文学論』青土社、二〇一三年

多和田葉子「動物たちのバベル」『献灯使』講談社文庫、二〇一七年
デリダ、ジャック『獣と主権者Ⅰ』西山雄二、郷原佳以、亀井大輔、佐藤朋子訳、白水社、二〇一四年
デリダ、ジャック『マルクスの亡霊たち』増田一夫訳、藤原書店、二〇〇七年
デュピュイ、ジャン＝ピエール『ツナミの小形而上学』島崎正樹訳、岩波書店、二〇一一年
中沢新一『熊から王へ』講談社メチエ、二〇〇二年
中沢新一『熊を夢見る』角川書店、二〇一七年
ナンシー、ジャン＝リュック『フクシマの後で』渡名喜庸哲訳、以文社、二〇一二年

災害言説を超えて——芸術活動の可能性

ヴィーブケ・フォン・ベルンストルフ　西山崇宏訳

言説としての災害

『言説としての災害』（Röggla 2006a）の初期分析において、オーストリアの小説家カトリン・ロッグラは、「もし災害報道にフォーマットがあり、災害がそのフォーマットにのっとって報道され、我々の認識もそのフォーマットにのっとって形づくられてしまうならば［……］、それに対し我々はどのように立ち向かえばよいだろうか？　我々はどのような行動を取るべきだろうか？」（Röggla 2006a: 34-5）と、問いを立てる。ドイツに住む多くの人々が、日々報道されるシリアやイラクで起こった戦争や災害の映像を見て、同じような問いを立てている。

近年、多くの難民がヨーロッパに亡命し、マスメディアはそれを「難民危機」と表現する。それまでリビングのソファに座ってゆったりと政治番組を見ていた人々も、メルケル首相が掲げる標語「我々ならできる」(Wir schaffen das)に啓発されたかのように、難民の到着を歓迎した。駅で難民の到着を待つ住民の姿勢は、ドイツの「歓迎文化」とも、称されるようにまでなった。

難民の到着とともに、大歓声をあげる群衆の映像。それらの映像や画像が、人々の関心を呼ぶために効果的であることを熟知しているマスメディアを通して、難民到着は報道された。難民歓迎集会に参加すれば、自分も報道される映像の一部になることができるのではないかと、人々は少なからず期待したのである。

「難民危機」と報道された二〇一五年は、労働力不足が深刻であったドイツが、一九五五年にイタリアを筆頭にして、近隣諸国と外国人労働者(ガストアルバイター)募集のための二国間協定を締結した六〇周年記念に当たる年である。一九六四年、ミュンヘン中央駅に、一〇〇万人目のガストアルバイターが到着。その彼らを迎える群衆。その歴史的な瞬間を捉えた画像は、移民労働者受け入れ六〇周年記念の一年前である二〇一四年から、マスメディアで頻繁に見かけられるようになった。その画像はマスメディアという舞台で演出され言説化し、二〇一六年にはドイツの様々な都市で、多くの難民歓迎集会が開かれる一つの要因となったのである。

言説的演出「難民危機」は、実際には危機状態からは程遠いドイツの移民状況、そして、「難民危機」が実際にはドイツではなく、紛争地域とヨーロッパとの境界線で発生していることを隠匿し、ドイツ人は本当の意味での「難民危機」には、まるで気づいていないかのように振る舞った。ロッグラは危機物語としての言説は、集団的錯覚を呼び起こすと指摘する。集団による危機物語の共時的受容は他人との擬似的親族関係を生じさせるという。その他人との擬似的親族関係が助長する「災害への野次馬根性」は、危機報道を乗数効果的に媒介する推進力となる。

ロッグラは、さらに、危機報道は現実からの乖離を生じさせるという。つまり、他者と共有していたアイデンティティや、共通の記憶が希薄になる現象が起きるとも指摘する。

> ある日突然、自分も歴史の瞬間という大イベントに参加することができる。[……] 我々を苦しめる非現実的な日常を忘れ、突如として、その幻想的現実の中に存在できるようになるのだ。(Röggla 2006a: 35)

日常生活はつまらなく、かつ複雑で、現実が非現実的に認識される中、人々はこのままこの生活を続けていけるのだろうか、と不安に駆られているからである。では、危機報道のメディア演出に対し、我々はどのような措置を講じればいいのだろうか？ 危機報道を共時体験することにより構築される、幻想の共同体からの脱出は可能だろうか？ 危機報道はどのような社会的妄想を引き起こすのだろうか？

これらの問いに答えるため、以下、我々が考案した難民との演劇プロジェクトを紹介する。ロッグラの『都市、地方、そして映画の中の危機に関する考察』(Röggla 2006a, b) とジュディス・バトラーの『集会パフォーマンス論への一考察』(Buttler 2015) が難民と危機言説という課題に取り組む芸術活動の可能性と、その限界を分析する理論的基盤となった。

プロローグ──難民センターにおける演劇に向けて

二〇一五年九月：デンマークの国境沿いオールデンブルクという小さな街で、三日連続で行われた長い会議も終わり、小さな駅のホームで同僚と電車を待つ。その駅には、上り下りに共同利用される線路が一本通っているのみで、スピーカーが一つ、電光掲示板が一つ、屋根もないホームに設置されている。

まずは、すがすがしい快晴を楽しむ。

三日前、ここに来るまでの電車から、多くの家族連れが降ろされていった。彼らは皆、二、三のスーツケースを持ち運び、質素な服を着ており、ドイツ語が母語ではなく、「指定席」という単語を知らない人々であった。「指定席券をお持ちでない方は乗車できません。」というアナウンスで、そのような乗車規則があることを知らない我々は不思議に思ったが、後にそれは異国からの人々とドイツ人を区別するためのトリックであったとわかった。私の同僚も指定席券など持ってはいなかったが、電車の中を警備する鉄道警察から、「電車から降ろすべき人間」というカテゴリーには分類されなかったようだ。

時間が刻々と過ぎていき、電光掲示板に電車の遅れが掲示される。

その電光掲示板は横に細長く、文章は一行の走るアルファベットで掲示される。絶えず現れては消えていく文字を認識し、テキストを理解するという仕組みである。確かに電車の遅れが掲示されているのだが、文字が余りにも速く走るので、目がついて行けず、散漫な情報しか入ってこない。同僚のスマートフォンにインストールされている鉄道アプリを見ると、電車が地図上で動く緑色の点で表されており、我々がその到着を待っているデンマークからの電車が、着々とこの駅に向かって来ていることを表示している。

できればアイスコーヒー、あるいは紅茶、それに軽い食事も取りたいという欲求が湧くが、この小さな町は、まるでお昼まで寝坊した者であるかのように、心地良い日差しの中で、静かに横たわっている。太陽がぽかぽかと照り、鉄道アプリが表示するデジタル式の「到着保証」が我々をくつろがせる。

五分後再び、スマートフォンを見ると、鉄道アプリの画面上でこちらに向かっていた緑の点が突如、デンマークの国境近くまで戻っている。アプリが壊れたのだろうか。GPSがうまく作動していないのだろうか。我々を乗せずに、もう走り去ってしまったのだろうか。何が起こったのか理解できず、あっけに取られる。

その二時間後、ようやく一本の電車が来た時は、行き先はもう殆どどうでもよく、デンマーク方面には行かないという理由で、とにかくその駅から離れるために乗車した。ここから立ち去るのだ。

その夜遅く、ようやく家にたどり着き、ニュースを見ると、デンマークの高速道路で大変なことが起こっていたことが報道されていた（Spiegel Online, 29.3.2017）。今日、電車から降ろされた多くの人々は、スウェーデンの親戚を訪ねるという理由で電車に乗り込んでいたシリアからの難民であるという。EU圏内に入ると、移民局から許可なく移動をすることが許されていない難民が、とにかく親戚を訪ねようと移動し始めたのである。ドイツとデンマークの政府はすぐに国境を閉鎖し、難民を収容しようとしたが、国境警備隊により電車から強引に降ろされた難民は、逆に行動の自由を得たかのように逃げ出し、彼らのスマートフォンが示す、一番わかりやすい道、つまりアウトバーンを歩いて親戚のいるスウェーデンまで行こうとしていたのである。

社会的行為としての演劇

ハンナ・アーレントは、一九四九年、国籍を持たない人々のジレンマ、つまり、国が保証する諸権利を主張できない人々についての論考を発表している（Arendt 1949）。バトラーは、『集会パフォーマンス論への一考察』（Butler 2015＝2016）の中で、アーレントの認識に基づき、人々が生きるための諸権利を主張するには、国の運営する諸制度（例えば社会保障制度）に加入していることが前提となっていると論じる。

バトラーはその考察の中で、「身体」に注目する。公共空間において、人々の権利が主張されるには、「弱まる身体に注ぐための体力」（Butler 2015=2016: 113）が必要だからであるという。権利を主張するには、「身体を既存の政権という場に割り入れること」が求められるからである。そのため、バトラーの『集会パフォーマンス論の一考察』においては、公共空間での「身体」の活用を、分析の中心に位置づけている。「身体」は演劇という芸術にとっても、本質的な要素なのである。

演劇とは、まず「身体」と向き合うことである。

公共空間で実行され、社会的であり、そしてパフォーマンスの一形態である芸術としての演劇は、時には社会問題について行われる議論に参加し、意見を表示することも求められる。演劇という芸術活動は、社会的影響力の行使でもあるが、デモ等による政治的な意思表明との違いは、その演じる自由にある（オキュパイ運動やゲジ公園における抗議運動などの集会には、芸術的演出の自由と身体的パフォーマンスの力が連動されていない）。演劇においては、芸術活動を行う「身体」が公共空間に集合する。芸術活動という共通の目的のために「身体」が集合することにより、社会関係が構築される。演劇という相互依存関係が生成する場での他者とのつながりが、個人の恐れの感情や、不安定な生活を呼び覚ます「自己責任感」から逃れる癒しとなるのだ。

バトラーは、ネオ・リベラリズムが主張する健全な人間像、つまり、「社会活動において自己責任を持てる個人」を批判する。これまで、国の諸制度が受け持っていた国民への責任は、ダウンサイジングされていく政府から徐々に個人責任へと転嫁させられていく。自己責任化は、社会において個人が個人たる所以を否定することになるという（Butler 2015=2016: 25）。

演劇活動は、公共空間において自己と他者が協働しながら相互作用するため、個人間に社会関係を生じさせる。バトラーが述べるように、集会が社会法則のミニアチュアであるのなら、個人と個人との関係を築くことがいかに重要であるかがわかる。その為、演劇活動は、自分たちの社会関係構築を最大の目的とするのだ。

私が指導する演劇教育学では、「個人の自由」、「完全なる平等」そして、「社会関係の構築」を基本理念としている。以下、二〇一五年冬期、教職課程の学生を対象に行った演劇ゼミ『難民センターのアリス』に基づき、演劇活動の社会的可能性を考察しよう。

難民センターのアリス

ロッグラはフィクションが時には「真実」を造り変えていくことがあるという。それを彼女は『フィクションという吸血主義』（Vampirismus der Fiktionalen）と名付ける。彼女の作品『帰ってきた食人種』（Röggla 2006a: 32）で、我々はなぜ災害言説に興味を持つのか、また、フィクションである災害報道が「真実」を造り変えていく場合、我々はどのように対応すれば良いのだろうか、という問いを立てる。

「我々は災害の内部に入り込まなければならない。内部が存在すればの話だが…」（Röggla 2006a: 48）と彼女は提唱する。

「難民危機」の本質を知りたい、そして現実と非現実との差異をなくしたい、という欲求が、難民センターの子供たちにも、我々の演劇『難民センターのアリス』に演者として参加してもらおうというアイデアとなった。学生たちは、まずブレーンストーミングで、アイデアを出しあい、意見を交わす。その場では、我々も行動を起こし社会に貢献することができるのだ、今起こっている社会問題に一石を投じることができるのだ、という喜びが学生たちに高揚感を呼び起こした。しかし、その喜びは長くは続かず、その後、試行錯誤をしながら調整をしていくこととなった。

ルイス・キャロルの『不思議な国のアリス』には冒頭に、「アリスは落ちる、落ちる、落ちる」というフレーズがある。どんどん落ちていき、気づくと、アリスは日常と変わりない見慣れた世界にいる。戸があり、机があり、鍵がある。しかし、そこにある鍵はどの扉をも開けることができない。その鍵は鍵穴にとって、いつも大きすぎるか、小さすぎるからだ。

アリスのように、この演劇プロジェクトに参加した学生たちは、はじめは難民と自分たちの違いなどなきに等しいと思っていた。しかし、次第に難民センターには全く違う法則があることに気づく。自国にいながら、異国にいるような擬似体験を通して、我々の認識能力の限界を確認し、認識の地平線を広げることが、この演出プロジェクト『難民センターのアリス』の目標でもあった。

この演劇プロジェクトは、一年以内に演出を完成させ、難民の子供と共に演じ、難民センターを劇場に一般公開ことをカリキュラムとした、ヒルデスハイム大学教育学部の授業の一環である。学生たちにとって難民センターを訪れるということは、様々な不安に駆られることでもあった。彼らは、この難民との共同作業以前に、舞台テキストを書いたことがなかったのだ。我々の演劇『難民センターのアリス』は、『不思議な国のアリス』を摸倣し演出されているのだが、テキストは原本とは異なるエピソードで構成されていて、劇作法的な共通点はない。学生にとって、人前での演技、舞台小道具の制作、プロットの考案等、初めての経験が多く、一つ一つ確実にこなしていくことが大きな課題となっていた。しかし、難民の子供たちとともに日々練習をしていくことにより、メルヘンチックな雰囲気を醸し出すための演出構想が次第に固まってきた。

難民と演劇を行う際の諸問題の一つは、難民の子供たちには滞在期間の違いによるドイツ語能力の違いがあることだ。また、時には障害（難聴、精神的な障害等）を持つ、四歳から一六歳までの子供たちと一緒に演技をすることもある。ほとんどの学生は、演劇プロジェクトに参加し、難民を助けたい、ドイツについて何かを教えたいと考える。しかし、私の演劇トレーニングでは、まず身体を使った特別な練習により演者間に相互依存関係を生じさせ、まず「信頼」を構築することを目標とする。その「信頼」により、一方が助け、他方は助けられるという上下関係ではなく、完全なる対等関係を築くよう試みる。

演劇プロジェクトに参加する学生たちにとっては、今まで間主観的に内面化してきたドイツ社会の規範や、行動パターン、価値観が根底から覆される経験となった。学生たちに馴染みのない難民センターには、様々な習慣が錯綜しており、難民の子供たちとともに演出コンセプトを捻出することは、彼らにとって初めての経験であり、大きな不安材料でもあったからである。彼らは次第に自分たちに自信がなくなっていくことに気づいた。

ある学生はその時の経験をこう語る――


難民センターに暮らす人々と我々、そして観客の間にある壁を克服することを目標にしていた。しかし、難民センターで彼らと話すと、プライベートな空間など全くなく、彼らの部屋で話をしようが、建物の外で話をしようが、まるでリビングルームにいるような気分がした。今まで自分が信じていた常識が、崩れ去っていくような感覚を経験した。(Dokumentation #Alice)

演劇につきものである観客席や舞台などは、はじめは存在せず、我々はまず難民センターの中に、演劇のための舞台空間を創りだすことから始めた。舞台空間には、回転するステージがあるわけでもなく、通常の劇場のように客席があるわけでもなく、場面ごとに舞台を移動し、自分たちで作った小道具と演者の演技力が舞台を創り上げる。観客と演者の間には境界線がなく、音響効果や照明器具などによって、特別効果を出すような技術も、舞台となる難民センターには全く存在しなかったのである。

実際に演劇が行われると、各シーンの間に、連れと話す人々、スマートフォンで動画を取る人々が散在し、劇場としての難民センターはそこで暮らす難民にとっても不思議な空間となった。異国の地にたどり着き、訪客として扱われる中、逆に難民センターを訪れる客をもてなす招待者としての役割を担うことになったからである。

難民センターに住む人々にとっては、多くの面識のない人々が訪れ、彼らのフロア、階段、広間という暮らしの空間を演劇のために利用されているという状況である。見知らぬ人々が、一つの催し物を目的に集まる劇場化した難民センターは、演者、難民、観客、その場に居合わせたものに、今まで経験したことのない世界にいるような感覚を与えた。そして、そのような劇場での公演は、観客と難民との間に社会的行為が生じるような公共空間を提供したのである。

観客は、まず難民センターの入り口の受付で入場料を支払い、劇場となった難民センターの内部へ入っていく。「不思議な国への旅」を体験するためである。二〇一五年の「難民危機」の報道で、難民センターがどのような所であるか想像はできるが、ドイツ市民で本当に難民センターを訪れたものは殆どいない。ある観客は難民センターがどのような所なのか、どんな建物なのか、劇場を訪れるまで不安と興味が入り混じった感情を持っていたという（Dokumentation #Alice）。

通常、難民センターは立入禁止区域となっている。

その立入禁止区域の劇場が、リハーサルを行う演者としての学生にとっても、訪れた観客にとってもある緊張感を持って認識されることは、事前に予測していた。ロッグラが鋭く指摘するように、「災害言説」はそのような、立入禁止区域を演出効果として利用するのだ。

「今日、街は多様なグループの集合体としてのみならず、疎外化のシステムとしても存在する」(Röggla 2016b: 12) のだ。

演劇の第1場面は、三人のアリス役が野原で遊んでいると、うさぎに出会い、そのうさぎについて行くと、トンネルを通って不思議な国へと落ちていくというシーンである。これは、難民センターの階段を舞台にして行った。A地点からB地点へと「移動する」という行為を表現するためである。

アリスたちは、緑色の壁紙を階段に敷き、「移動」を表象する紙の船や、紙飛行機を舞台上でつくる。この場面の基調である、「創造力と自立」、「ファンタジーと気ままな行動」が演じられる。不思議な国への移動が伝わるよう、階段を下がっていく「トンネル」で第1場面は終わる。階段を下がると、そこには鋼鉄でできた扉があり、その扉は通常、難民の部屋と階段を仕切っている。演出では、その扉の横に二、三人の警備員を配置し、不思議な国への出入りを監視する国境と設定されている。

観客は、閉ざされた鋼鉄の扉の前に立つことを体験し、難民たちがそこを通過する際には、あるルールに従わなければならないことを、第1場面で追体験する。

アリスは、扉の向こうに行こうとするが、三度、無意味な理由で断られる。その後、不思議な国へ誰の助けも借りずに、自分の力で強引に入っていこうと決心する。それは、自分の行動力(パフォーマンス力)を取り戻すことを暗喩している。

後のアンケート調査で、ある観客はこう感想を述べた。

第1場面で、私は自分自身がアリスになったような気持ちになった。学生たちが演じる劇は、鑑賞中なぜか意識下で副次的なものとなり、実際に自分がその場で、それを体験しているかのような錯覚を覚えた。

突然、私にとって全く馴染みのない、今までの経験にない場所、つまり『難民センター』にいる自分に気が付いた。私は、そこでは異端者であり、傍観者であるような気分がして、全くその場にそぐわない存在であるように思った。

演劇のアリスは、ラストシーンで夢から覚めるのだが、演劇が終わってみたら、私が見たものは、夢ではなく現実であるのだと実感した。貴重な経験をすることができて、とても感謝している。(Dokumentation #Alice)

観客は、演劇の鑑賞中、あてのない旅をすることを強要され、見知らぬ土地に入り込み、その新たな空間において、新たな観点から現実を見つめなおすことになる。

劇場が公共空間にあるため、いつでも観客という立場から抜け出すことができると同時に、常に集会の一部分であり、その場を構成する人々が皆、相互依存関係にあり、人間として皆平等な立場に置かれているということを感じ取ることができる。

この公共空間の特徴は、演劇後に行ったアンケート調査でも明らかになった。

演劇で、まずはじめに考えたことは、私は今まで一度も難民センターを訪れたことがないということだった。今まで、ずっとテレビや新聞の報道で思い描いていた難民センターが、目の前の現実となり現れた。

多くの子供を連れた難民の家族の隣に立つと、この街の住民として、何もお手伝いをしたことがないし、おもてなしをしたこともなく、自分がそこにいること自体が場違いであるような気がした。その反面、演劇を鑑賞することができてとても嬉しく、また学生が難民の子供たちと一緒に演じているのを見て、素晴らしいことだと思った。

第1場面が行われた難民センターの階段で、不思議な感覚に見舞われた。演者たちの喜びと興奮を共体験し、舞台となった階段にむかって歩くと、様々な国の人々が一群となって移動していくのを見て、段々とくつろげるようになった。私は後に、ふと、これが『未来』なのか、と思った。演劇はとてもうまくできていたと思う。(Dokumentation #Alice)

認識の錯綜を観客に生じさせることが、この演劇プロジェクトの一つの目標でもあった。それは、難民とは誰なのか、誰が訪客なのか、そして、住民とは誰なのか、を問うことであった。

学生たちが考案した演出が、その舞台空間を創り出したのだが、そこには三人の学生がアリスを同時に演じるという、当惑させる複雑な状況も表現されていた。それによって、ある一人のアリスという人物像が想像されることを、恣意的に妨げようとしたのである。誰もがアリスが置かれたような状況に陥りうるのである。コーラスのように発話し演じる三人のアリスたちは、時には同時に、また、時には別々に発話し、異国の世界に入ったときの、人々の反応と心理的葛藤を表現している。

登場人物は象徴的であり、演出は「反心理学的」であり、物語はほとんど身体で表現され、長いセリフは使われなかった。このように、演劇上の多様な表現が、テキストを理解できなくても、演技という視覚情報で理解され受容されるよう演出された。

この演出は、難民の子供たちに特に効果があり、演劇初日にすぐに演者たちに近づき、一緒に演じるようになったし、演劇の二日目にはセリフも一緒に言えるようになっていた。しかし、子供たちだけが登場する場面を入れようという当初のアイディアは、リハーサルを続けるうちに、不可能であるということに気づいた。子供たちは学生たちと一緒に演ずることとなったが、それにも関わらず、「不思議な国への移動」という演出を自然に習得した。

ラストシーンで、アリスとその他の登場人物は夢から覚め、その夢を報告する。しかし、それは登場人物としての報告ではなく、演者の個人経験、つまり、最近実際見た夢を語るのである。飛び入りで演じていた子供たちも、自分たちが最近見た夢を短く報告する。このシーンによって、演劇の登場人物と、今を生きる個人とが重なりあい、それが、夢から現実への帰還を表現する。

この演劇プロジェクトは、関与した全ての者に、心理の葛藤と民族の多様性を経験する良いきっかけとなった。ある者にとっては、自分の限界を知ることになり、また、ある者はその限界を僅かながらに越え認識を広げ、またある者にとっては、これまでの人生を見直し、新しい方向へと進むきっかけとなったのである。

演劇プロジェクトの始めに立てた目標、「報道されている難民危機と現実との差異をなくす」という試みは達成されたといえる。「災害言説」に対しては、個人経験が有用であり、その言説の箱を開けてみれば実は、それは災害でもメルヘンでもないことが明らかになる。そして、他者との対話という経験を通して、フィクションと真実との差異の距離を縮め、現実とイメージを一つに繋ぎ合わすことができるのだ。

ロッグラは、災害言説が引き起こす「社会妄想」の問題に対し、「多様性との共存を試みることにより、初めて我々は、我々が存在するこの現実という世界を知ることができる」と述べる（Röggla 2006b: 30）。

エピローグ――難民危機言説を超えるには

災害は社会に大きな影響を与える。災害によって個人は生存の危機に陥る。それは、逆説的な状況を生み出す。つまり、個人の生存の危機が集団という大きな一単位の中で、取るに足らないものとみなされることになると同時に、個人は力を振り絞って集団の中の一構成員として生存の可能性を見出していかなければならないからである。

災害という状況においては、生存の危機に晒された個人が、自分の生と死の責任を持つ。戦場と化した祖国からの逃亡という行為は、現実には個人的であると同時に社会的でもある。戦場から避難してきた難民は、ヨーロッパとの国境において、彼らの「身体」をもって多様な集会をすることにより、「権利を持つ権利」を主張した。ドイツで「難民危機」がメディアによって構築された。それは、ドイツ固有の歴史と、我々の「災害への野次馬根性」が創造したものである(Röggla 2006a, b)。観客にとって、難民センターでの個人的体験は、この「災害への野次馬根性」を見直す良い機会となった。芸術活動は、「災害言説」を超え、個人が社会問題の内部へ入り込み、実際に体験することを提供するのだ。

公共空間を利用した演劇という集会は、集会に参加し行動する者のみならず、観衆を巻き込み、その空間における社会通念、権力構造、規律的秩序をも変化させる力を持っている。人々の多様性と相互依存関係を表現するという演劇は、没個性化された無意味な言説、例えば「被害者」、「テロリスト」、「難民」等と認識される人々と、市民権を保有していると思っている「街の住民」との間尺を変化させるために有用な手段なのである。

参考文献

Arendt, Hannah, 1949, "Es gibt nur ein einziges Menschenrecht", in, *Die Wandlung* (IV), Dezember 1949.

Butler, Judith, *Notes Towards a Performative Theory of Assembly*, 2015, Harvard University Press. (= 2016 Frank Born, trans, *Anmerkungen zu einer performativen Theorie der Versammlung*. Berlin: Suhrkamp.)

Röggla, Kathrin, 2006a, "die rückkehr der körperfresser", in: Kathrin Röggla, disaster awareness fair. zum katastrophischen in stadt, land und film, Wien: literaturverlag droschl S. 31-5.

Röggla, Kathrin, 2006b, "geisterstädte, geisterfilme", in: Kathrin Röggla, disaster awareness fair. zum katastrophischen in stadt, land und film, Wien: literaturverlag droschl, S. 7-30.

Spiegel Online, 2017,（二〇一七年三月二九日取得、http://www.spiegel.de/politik/deutschland/fluechtlinge-zu-fuss-durch-daenemark-a-1052186.html)

Dokumentation #Alice, unveröffentlicht.

II　せめぎあう文化のポリティクス

韓国映画『パンドラ』は／を語る

平田由紀江

1　パンドラ

「あの釜のおかげで電気が使えるんだよ。

僕らの国を豊かにしてくれるありがたい釜だ。」

「違うわ。先生が言ってたのは……

なんだっけ？ あれは「なんとかの箱」で、開けたらダメなんだって。」

「そんなことない。いいものなんだから。今にわかるさ……。」


子どもたちが、遠くの原子力発電所を見ながら無邪気に話している。韓国映画『パンドラ』の冒頭場面である。

福島第一原発の事故以降、韓国社会では原発の安全性についての議論が活発になった。もしも韓国で福島のような大規模な原発事故が起こったら、というテーマで制作された『パンドラ』(二〇一六年、韓国、パク・ジョンウ監督)は、映像ストリーミング配信会社のNetflixが世界版権を事前購入した初の韓国映画としても知られる。

ストーリーは、「ハンビョル原子力発電所」で働くジェヒョク(キム・ナムギル)と、青瓦台(韓国の大統領府)の大統領、そしてそれぞれの周辺の人間模様を軸に展開される。

原発事故で父と兄を失っているジェヒョクは街を出たいと考えており、同じく原発で働く幼なじみたちに「もはやここは人の住める街じゃない。昔は貧しいながらもみんな幸せに暮らしてた。今はどうだ?漁業も農業もできず観光も廃れて。住民の対立は深まるばかり。みんな原発のせいだ。」と問いかける。幼なじみたちは答える。「でも俺たちはあれで食ってる。」「あいつのおかげだ。」

映画では、原発反対の声をあげる運動家たちの声が、原発運営側にとって「面倒なもの」として一蹴される場面も描かれている。

中間で挿入される、原発は安全であり明るい未来を約束しているという案内員の説明の、妙に明るい声が印象に残る。

家族や周囲からの反対を受けているにもかかわらず街を出る決意を固めつつあるジェヒョクだが、大地震が起き、老朽化していた原子力発電所で事故が起こる。

一方で、事故は現地の専門家によってある程度予測されていた。

事故の詳細はようやく青瓦台にも伝わるが、避難命令を出すことへの賛否が分かれる。大統領は非力で、周囲の情報操作もあり真実は大統領になかなか伝わらない。

次から次へと描かれるのは、「人災」の側面だ。誰もが何かに縛られている。責任逃れ、権力、金、慣習……。映画は、避難する住民側に起こる混乱も描く。体育館に集められて外から鍵をかけられそのままにされる姿、ひどい交通渋滞のなか、我先に逃げようと乗り捨てられる車で立ち往生する人々。主人公ジェヒョクの母は、かつて原発事故で亡くなったジェヒョクの兄の妻が、早い段階で遠くに逃げようと訴えていたにもかかわらず、原発は安全だと信じて相手にせず、立場の弱い兄嫁は姑の言葉に逆らえない。

観客動員数は四五〇万人を越えた。この映画への韓国社会の反応は、小さくなかった。

韓国の原子力発電所を管理・運営する韓国水力原子力（KHNP）は、二〇一六年のはじめに（『パンドラ』公開前）、映画観覧前の広告時間に観覧客に見せる目的で、原子力発電の必要性をメッセージとしたブロックバスター映画スタイルの広報映像を制作したという（イ&ファン 二〇一七：六－七）。

日本でも大きく報道された文在寅《ムンジェイン》大統領の「脱核（脱原発）宣言」の際には、映画『パンドラ』について複数のメディアが言及している。

大統領選挙の際の公約のひとつに「脱核」を掲げていた文在寅大統領が、大統領就任後まもない二〇一七年六月、「古里《コリ》一号機永久停止宣布式」に出席した際に「脱核宣言」を行ったのは周知の通りである。[1]
それに関しての『朝鮮日報』のコラム記事[2]によると、文在寅大統領は野党時代の二〇一二年に「脱核」に言及しているがその後は言及がなく、『パンドラ』の試写会で再び語り始めたとされており、記事は「大統領がこの映画を見て感じた心情のままに国家政策を左右しようというなら尋常なことではない」と批判している。『朝鮮日報』はその後の七月一三日にも、大統領が『パンドラ』を観て脱原発を決心したという内容の記事を出しており、インターネット新聞『オーマイニュース』が、二〇一五年にも文大統領の脱核の姿勢は変わっておらず、『パンドラ』で脱核を決心したというのは明らかな嘘だという記事を掲載するなど論争となった。[3]
一方、この「脱核宣言」を好意的に扱ったハンギョレ新聞の記事では、文大統領が映画『パンドラ』を観た際に、「……パンドラ（原発）の箱を開けてはいけないと言うのではなく、パンドラの箱自体を取り除かねばならない」と述べたことに言及している。[4]
また、二〇一七年九月には、「大統領、パンドラの代わりに『パンドラの約束』をご覧になってください」という『韓国経済』の記事で、映画『パンドラ』の言及がされている。[5]『パンドラの約束』（二〇一三年、アメリカ、ロバート・ストーン監督）はアメリカのドキュメンタリー映画で、原発反対の環境運動家などがなぜ原発賛成派に変わったのかついての語りが中心となっている。記事は、訪韓したリチャード・ミュラー教授（UCバークレー）が、「文大統領に『パンドラの約束』という映画を推薦する」と語ったという内容が掲載されており、同教授の言葉として、「脱原発は未来の子孫たちの暮らしを墜落させる政策」だと批判したとの内容が記されている。『パンドラの約束』は、韓国水力原子力が韓国での版権を買い取った映画でもある。

さらに、二〇一七年一一月一五日に発生した慶尚北道浦項《ポハン》で発生したマグニチュード五・四の地震の際にも、中央日報が、「地震で原発爆発?……『パンドラ』が語らなかったこと」と題した記事を掲載している。[6] 記事は、映画『パンドラ』が地震後にあらためて注目を集めているとした上で、映画に描かれていることと「事実」がどのように異なるのかを「検証」する内容となっている。記事は全体として、『パンドラ』に書かれているような極端な事態は実際には起こりえないといった論調である。

2 経済優先主義への疑問

ところで、「脱核」や「核発電」という言葉は日本ではあまり聞きなれない言葉だと思う。韓国では「脱核（脱原発）」運動に関わる人や、それを支持する言論メディア等で広く使われる言葉だ。逆に原子力発電推進派は「原子力発電」という言葉を使う。「どちら側なのか」ということを明確に表すような言葉となっており、日本の使用法とは異なる。『ハンギョレ21』脱核特集号のある記事は、「韓国の原子力界が核という単語を使わなくなったのは、脱核に対する市民意識が少しずつ成熟してきた一九九〇年代半ば以降だと思われる」[7]と指摘している。

現在韓国においては、全電力量のうち原子力発電の割合は約三〇パーセント程度を占める。福島第一原発事故以降、韓国において原子力発電に対する危機感は高まりをみせ、「脱核運動」は活発化した。様々なかたちで地域社会や環境NPO等が活発な問題提起を行っている。オピニオン誌等は脱原発特集を組み、また、「脱核」を銘打った書籍も多数出版された。

そこに共通しているのは、「福島（第一原発事故）は他人事ではない。」という認識だ。

しかし、韓国においては、「安全」について広く論じられる契機となったのは、それだけではなかった。

二〇一四年四月一六日に起こったセウォル号沈没事故は、経済優先主義を批判する重要な契機となった。セウォル号沈没事故における犠牲者の多くは修学旅行中の高校生だった。

セウォル号沈没事故をめぐっては、海上警察の不手際、セウォル号は日本で「なみのうえ」として航海していた中古フェリーであり韓国に売却されてから「建て増し」されていたこと、船長が契約職だったこと、政府の対応の混乱ぶり等が次々と明らかになっている。

ある論者は韓国社会を「降りられない船」（ウ・ソックン）に例え、またある論者は様々なものが臨界状態に達した「臨界社会」（ハン・ギウク）[8]と表現した。

ウ・ソックンは、著書『降りられない船　セウォル号沈没事故からみた韓国』のなかで、「一万トン以下のフェリーは原油の高騰と交通手段としての競争力の低下などで、居場所がなくなっていった」が、（当時の）「与党が求めるものは、国内の船舶産業が繁栄して四大河川まで船路がつながることだから、誰かは船に乗らなければならず、「故に高校生の修学旅行が教育当局の勧誘によって「カーフェリー」に集中し」、「こうした流れのなかで、二十年という船の技術寿命が三十年に延長され、セウォル号のように日本では経済的寿命がつきて退役する船が、韓国に中古として再導入されることが可能になった。」と論じ（ウ　二〇一四：五〇－五一）、日本語版の著者あとがきにおいて、「これは行政の問題であり、管理の問題であり、経済の問題だ。」（ウ　二〇一四：二〇六）と指摘している。

セウォル号と原発は経済優先主義社会の産物だという認識、そして安全を優先してこなかった既得権力への批判的認識が広く共有された。先述の古里一号機永久停止宣布式で文大統領は、「設計寿命が尽きた原発の稼働を延長することは、船舶運航の船齢を延長したセウォル号と同じだ」と述べたという。

また、先述の映画『パンドラ』について「韓国社会に構造化された「セウォル号事件」として読むことができる」と指摘した記事も見られた。過去長らくのあいだに積み重なった悪弊のことを韓国では「積弊《チョクペ》」と呼ぶが、『パンドラ』には「積弊」の一端も描かれている。

インターネット新聞『プレシアン』掲載のハン・ジェガク（エネルギー気候政策研究所副所長）による記事では、映画が注目された理由として浦項地震の発生と「チェ・スンシル－朴槿恵事態」という二つの契機が挙げられている。一人の市民（男性）が家族や大切な人々を守るためにヒーローになってゆくというストーリー展開は、決して目新しいとは言えないが、現実への不安とのリンクがこの作品が注目された理由の一つだ。

映画では無能な大統領が描かれる一方で、国務総理が既存の秩序を優先させて地元の住民の安全は二の次とする姿勢が描かれている。同記事は、『パンドラ』で描かれる状況が、「セウォル号の矛盾」と同じ構造をはらんでいると指摘する。

（映画の中では）国務総理は核（原子力）発電所で放射能物質が大規模流出すると半径三〇㎞の住民に知らせ退避させるよう命令する大統領に反対した。数百万人がいっぺんに道路に出てくるような社会の混乱を憂慮し、住民を騙す嘘を指示し、地域の封鎖を命令した。ここでセウォル号の事件を思い起こすことは至極当然のことであり、嘘と隠蔽で一貫してきた青瓦台に向かった怒りが再び湧いてくることも自然なことだ。しかし核発電所の半径三〇㎞内に数百万人が住む大都市があるという事実はセウォル号の事件と同様の矛盾が構造的に胚胎しているという点を喚起させる。[9]

『パンドラ』に登場する大統領は、まさに「不通大統領《プルトン》」として描かれている。「不通大統領」とは、周囲との意思疎通がきちんとなされていない朴槿恵前大統領の政治姿勢を批判的に表した言葉である。二〇一七年三月の朴槿恵大統領の罷免は、前大統領の長年の親友とされるチェ・スンシルが国政に介入したことに端を発しており、二〇一六年秋頃から朴槿恵退陣を求める集会は大規模化していった。

そこには国民の政治や既得権層への不信や大きな怒りがあったが、それ以前からの経済的な不満、格差社会に対する不満も根深いものがあった。

大ベストセラーとなった『韓国ワーキングプア　八八万ウォン世代　絶望の時代に向けた希望の経済学』（二〇〇七年。日本語翻訳版は二〇〇九年出版）の著書でもある禹晳薫（前出のウ・ソックンと同一人物）は、若者の就職難と非正規雇用化に焦点を当てて、当時の二〇代を「八八万ウォン世代」と名付けた。これは二〇代の非正規職の平均月給（税抜き前）を意味する。

青年失業の背景としては、「経済危機と産業構造の高度化に起因する雇用悪化の問題、急激な高学歴化すなわち学歴インフレによる労働力受容のミスマッチ、そして青年雇用をサポートする制度の不備が複合的に作用」（裵　二〇一五：一一五）したことが挙げられている。

二〇一四年末のいわゆる大韓航空機「ナッツ・リターン」をめぐる反応などは、財閥の同族経営や世襲などへの不満が吹き出した一件でもあった。

さらに、二〇一五年に流行した「ヘル朝鮮」という言葉は、より深刻化する若者たちの状況を物語っている。「ヘル朝鮮」とは、英語の「ヘル（地獄）」と「朝鮮」を合わせた言葉で、若者の失業率増加、過度な競争を強いられること等、韓国社会の生きづらさを表現した、主に若者たちのあいだで使われた言葉である。

韓国の青年たちが置かれている状況を描いた『努力の背信　青年を拒否する国家、社会を拒否する青年』（二〇一六）のなかで、文化人類学者のチョハン・ヘジョンは、一連のヘル朝鮮をめぐる議論について、韓国社会への「青年たちの告発」（チョハン　二〇一六：一九四）だと論じている。

新自由主義とグローバル化の波の中で労働者の非正規雇用化はとどまるところを知らず、生きづらさは増していく。一方で、経済優先主義の矛盾は露呈するばかりである。言うまでもないことだが、これは、韓国だけで起きている現象ではない。

3　TOKYO!

先述した文在寅大統領の脱核宣言により建設が中断されていた新古里原発五、六号機は、「新古里五、六号機公論化委員会」が発足し、工事再開の可否が検討されていたが、二〇一七年一〇月二〇日、建設再開が五九・五パーセント、中止が四〇・五パーセントという結果で、建設再開が決まった。

それでも現政府は脱核の方針を変更しておらず、同年十二月末に確定した「第八次電力需給基本計画（二〇一七年〜二〇三一年）」では、原子力と石炭火力を段階的に削減し、二〇三〇年までに二四基ある稼働中の原発を一八基に減らすことや、再生可能エネルギーや液化天然ガスを利用した発電の大幅な拡大を推し進める方針を明らかにしている。

一方で韓国では、原発問題は、中国や日本をはじめ、北朝鮮の核開発問題も含む、東アジアの文脈で捉えられることも多い。「脱核」をめぐっては、今後も様々な議論が行われることが予想される。

ところで、先述の『ハンギョレ21』の脱核特集号の記事のひとつに、『鉄腕アトム』と『合身戦隊メカンダーロボ』（韓国語タイトルは「メカンダーV」）』に言及したものがあった。「日本人が持っていた核の平和的利用に対する好感を象徴している」という説明書きのついた『鉄腕アトム』と、日本よりも韓国で人気があったという『合身戦隊メカンダーロボ』の二つの日本のアニメは、韓国でも放映され、キム・グクファンが歌った「原子力エネルギーの力があふれる」という歌詞を含む『合身戦隊メカンダーロボ』の主題歌は、子どもたちによく歌われ、また、ソウル大学校原子力工学科の科歌として歌われてもいたという。[10]『合身戦隊メカンダーロボ』は一九七七年にテレビ東京で放映されたロボットアニメで、地球防衛軍の巨大ロボット「メカンダーロボ」は原子力をその動力としている。原子力の平和的イメージが文化のレベルで共有されていたことがわかる一例である。

最後に、「日本」へ向けられたまなざしを、ひとつ紹介してこの文章を終わりにしたい。

〈3・11〉後、その数年前に見たとある映画をよく思い出した。韓国の鬼才ポン・ジュノ監督の「シェイキング東京」という作品である。『TOKYO!』（フランス・日本・ドイツ・韓国合作、二〇〇八年）という、ミシェル・ゴンドリーとレオス・カラックス、そしてポン・ジュノの三人の映画監督が、東京を舞台にそれぞれの「東京」を日本の俳優を起用して描いたオムニバス映画の中の一作品だ。

香川照之演じるひとりの「ひきこもり」の、完璧なまでに整理整頓された家の中。彼は父親から送られてくる仕送りの金で、十一年間ひきこもり生活を続けている。クリーニングと食事の注文が繰り返される日常。ところがある日、ピザ屋の配達の女性（蒼井優）と目があう。そしてちょうどその時激しい地震が起きる。

その後、ピザ屋を辞めた彼女もまた、ひきこもってしまったことを知った彼は思い切って部屋を飛び出す。ギラギラ照りつける日差し。だが、飛び出した路には誰もいない。いくら走っても辺りは静まり返っている。皆がひきこもってしまった東京をひきこもりの男が走る。

印象的なのは最後のシーンだ。彼は彼女と再会するが、そこでもう一度大きな地震が起きる。するとひきこもっていた人々が、誰もいなかった路へ一斉に飛び出してくる。そして地震がおさまると、まるで何事もなかったように皆静かに家に戻っていき、路には再び誰もいなくなる。外に出た彼女を引き止めたひきこもりの男と彼女が見つめ合う……。

「揺れる。」がキーワードのこの作品は、個人の感情の揺れにより動いた（揺れた）者と、大きな地震の揺れでも驚きはするが動かない（揺るがない）者とのコントラストを絶妙に描いている。男女の愛情が中心になっているものの、何か大きな出来事が起こる前と後の（不）変化は現在の日本社会に置き換えて考えることも可能だろう。これがポン・ジュノが二〇〇八年に描いた「TOKYO!」だ。

川上弘美の小説『神様二〇一一』が見事に表現しているように、〈3・11〉前と後は同じ日常ではない。それは日本の内でも外でも同様であることは言うまでもない。韓国映画『パンドラ』と、原発をめぐる議論自体が、それを雄弁に物語っている。

注

1　釜山市機張郡に位置する古里原子力発電所の古里一号機は一九七七年に運転を開始した、韓国で初めての商用の原子炉だった。福島第一原発事故後の世論の影響や、数度にわたる事故・トラブル等もあり、二〇一五年に韓国政府が韓国水力原子力（KHNP）に運転の永久停止を勧告し、二〇一七年六月の永久停止に至った。

2　「【コラム】文在寅大統領のでたらめな「脱原発」演説」『ChosunOnline』二〇一七年六月二九日 http://www.chosunonline.com/m/svc/article.html?contid=2017062901100（韓国語原文は【ヤン・サンフン　コラム　大統領のでたらめな脱原発演説　国がもどかしい】http://srchdb1.chosun.com/pdf/i_service/pdf_ReadBody.jsp?Y=2017&M=06&D=29&ID=2017062900037）（二〇一八年二月二四日最終アクセス）

　記事はまた、文大統領の、福島原発事故で合計一三六八人が死亡した、との発言に根拠がないことにも触れている。文大統領のこの発言については、日本外務省が在日韓国大使館に「正しい理解に基づかず極めて残念に感じている」と申し入れを行ったという経緯がある。

3　「文在寅大統領、映画一本観て脱核決定?」『オーマイニュース』二〇一七年七月二六日 http://www.ohmynews.com/NWS_Web/View/at_pg.aspx?CNTN_CD=A0002344030（韓国語）（二〇一八年二月二四日最終アクセス）

4　「「寿命の尽きた原発稼働はセウォル号と同じだ」……文大統領、国民の生命権強調」『ハンギョレ新聞インターネット日本語版』二〇一七年六月二〇日、http://japan.hani.co.kr/arti/politics/27685.html（韓国語原文は http://www.hani.co.kr/arti/politics/bluehouse/799453.html）（二〇一八年二月二四日最終アクセス）

5　「大統領、パンドラの代わりに『パンドラの約束』をご覧になってください。」『韓国経済 インターネット版』二〇一七年九月九日入力（韓国語）、http://news.hankyung.com/article/2017090895101（二〇一八年二月二四日最終アクセス）

6　地震で原発爆発?……韓国映画『パンドラ』が語らなかったこと（1）」『中央日報 日本語版』二〇一七年一一月二〇日、http://japanese.joins.com/article/633/235633.html?servcode=400&sectcode=400（二〇一八年二月四日最終アクセス）

「地震で原発爆発?……韓国映画『パンドラ』が語らなかったこと（2）」『中央日報 日本語版』二〇一七年一一月二〇日、http://japanese.joins.com/article/634/235634.html?servcode=400&sectcode=400（二〇一八年二月一〇日最終アクセス）

「地震で原発爆発?……韓国映画『パンドラ』が語らなかったこと（3）」『中央日報 日本語版』二〇一七年一一月二〇日、http://japanese.joins.com/article/635/235635.html?servcode=400&sectcode=400（韓国語原文は http://news.joins.com/article/22129486）（二〇一八年二月二四日最終アクセス）

7　キム・ソンファン記者「朴正熙も「核発電」と呼んだ。原子発電 vs 核発電、論争の歴史的文脈と「核発電所」という表現を快く思わない原子力界の老婆心」『ハンギョレ21』第一一八二号（二〇一七年一〇月一六日、脱核通巻特大号）、ハンギョレ新聞社（韓国語）

8　ハン・ギウク「セウォル号惨事と「臨界社会」革新の課題」『創作と批評』二〇一四年夏号（韓国語）https://magazine.changbi.com/q_posts/164_%EC%84%B8%EC%9B%94%ED%98%B8-

%EC%B0%B8%EC%82%AC%EC%99%80-%EC%9E%84%EA%B3%84%EC%82%AC%ED%9A%8C-%ED%98%81%EC%8B%A0%EC%9D%98-%EA%B3%BC%EC%A0%9C/?board_id=461

9　ハン・ジェガク「緑の発光　パンドラをみる三つの方法　核の災害、セウォル号……映画『パンドラ』なぜ流行る?-」『プレシアン』二〇一六年一二月一五日（韓国語）、http://www.pressian.com/news/article.html?no=146140（二〇一八年二月二四日最終アクセス）

『パンドラ』は朴槿恵大統領が騒動の最中に、国民向け談話を発表した日に試写会が重なり話題となった作品でもある。二〇一八年一月一二日付のインターネット新聞『オーマイスター』（『オーマイニュース』の芸能ニュース）は、『パンドラ』の制作・公開過程で朴槿恵政権からの妨害があった可能性について報じている（http://star.ohmynews.com/NWS_Web/OhmyStar/at_pg.aspx?CNTN_CD=A0002394650&CMPT_CD=P0010&utm_source=naver&utm_medium=newsearch&utm_campaign=naver_news）（二〇一八年二月二四日最終アクセス）。

10　オ・スンフン記者「RED企画　私たちは核の子どもだ：漫画『アトム』から『メカンザーV』、韓国原子力文化財団から核マフィアまで……核発電の嘘の神話が作り出された震源地を探して」『ハンギョレ21』第一一八二号（二〇一七年一〇月一六日、脱核通巻特大号）、ハンギョレ新聞社（韓国語）　11　吉村昭著『三陸海岸大津波』文藝春秋文庫、二〇〇四年初刊、一二三頁。

参考文献（★は韓国語文献）

ウ・ソックン（二〇一四）『降りられない船　セウォル号沈没事故からみた韓国』古川綾子訳、CUON

禹晳薫・朴権一（二〇〇九）『韓国ワーキングプア　八八万ウォン世代　絶望の時代に向けた希望の経済学』金友子ほか訳、明石書店

裵知恵(2015)「韓国の若者政策：現状と課題」岩上真珠編『国際比較　若者のキャリア：日本・韓国・イタリア・

カナダの雇用・ジェンダー・政策』新曜社
★イ・サンホン、ファン・ジンテ（二〇一七）「序文　東アジアを脅かすパンドラの箱たち」イ・サンホン、キム・ウンヘほか編『危険都市を生きる：東アジア発展主義の都市化と核の危険景観』アルト
★チョハン・ヘジョン、オム・ギホ他（二〇一六）『努力の背信』チャンビ

〈3・11〉以降のアイドル現象——祝祭性と政治性の脱色

清家竜介

はじめに　二つの祝祭のはざまで

私は、〈3・11〉以前、アイドルという存在を好んで消費してこなかったし、社会的に重要な存在として注視することはなかった。そのような無関心な状況を変えてくれたのが「ももいろクローバZ」（以下ももクロ）という存在であった。

ももクロとの出会いは、二〇一二年の夏に友人の編集者であり後に拙著『ももクロ論』の共著者となる桐原永叔が投稿した「アイドルがロックにトドメを刺そうとしているんじゃないか。ついにロックは死ぬかもしれませんよ、ジャズがそうであったように、ソウルがそうであったように、過去のものにされようとしている」という一文であった。

そんなアイドルが存在するのかと、私は懐疑的であった。早速youtubeを検索し、ももクロの動画を探してみた。すると沢山の動画がアップされており、小さな画面の中で彼女たちが舞踊る姿を視聴して驚いた。

その華やかな出で立ちとともに、無垢で幼気にみえる少女たちがみせる、それまでのアイドルにみられなかったアクロバティックな動きを伴う全力パフォーマンスは圧巻だった。またゲーム音楽をアレンジした動画をニコニコ動画に投稿することで鍛え上げられた、新進気鋭の作曲家であるヒャダインこと前山田健一の楽曲も力強いものであった。前山田のおもちゃ箱をひっくり返したような楽曲とももクロの全力パフォーマンスが相まって、かつてみたことのない舞台を作り上げていた。

そして、その画面をみていて、それ以上に驚いたのが、それを享受している観客の熱狂であった。彼女たちに割り振られたカラーとその衣装に合わせて、コスプレをした多くの男女が熱狂する様が映り込んでいた。

その熱狂は、たまたま知人たちに進められてみていた映画『Documentary of AKB48 Show must go on――少女たちは傷つきながら、夢を見る』の冒頭の熱狂を思い起こさせた。この映画は、東日本大震災に際してアイドル現象にあらわれたサブカルの力を記録した貴重な映像である。

東日本大震災とそれに続いた福島第一原子力発電所事故は、戦後日本を揺るがす未曾有の危機であった。人口約一万六千人で、約四三〇〇世帯が損壊し、死者・行方不明者あわせて約一三〇〇人の犠牲者となった岩手県大槌町でのＡＫＢ48の被災地慰問ライブは、震災の直後の二〇一一年五月の映像であった。その映像のなかに、未曾有の震災で被災した人々がアイドルに熱狂する姿が記録されている。

その映像をみると自衛隊の車両や多くの自衛隊員が駐屯していたことがわかる。壊滅的な被災地という日常が崩壊した空間で被災した多くの子供達が熱狂している姿に、私は心うたれた。そして、その子供たちを熱狂させた、アイドルの不可思議な力に衝撃を受けた。

その映画の中のインタヴューでAKB48の主要メンバーの一人である大島優子本人が、自分たちが被災地で繰り広げた舞台に驚いていた。大島は、その映像の中で「いままでAKBは夢のためのステップアップの場所だと思っていた」が「こんなにも歌で人を笑顔にすることができるのは、すごいことなんだなと初めて思った」と述べている。すでに日本を代表するトップアイドルであった大島でさえ、驚く奇跡的な舞台であった。

その被災地におけるAKB48激情的な舞台と、Youtube上で見たももクロの舞台の映像に不覚にも同じような衝撃を受けてしまったのだ。

私自身が衝撃を受けたももクロの映像は、『ももいろクローバーZサマーダイブ2011～極楽門からこんにちは～』というDVDに収められたものであった。それは震災がおこった八月の東京稲城市にあるよみうりランドで行われたものであった。これもまた東日本震災直後の日本で、アイドルという存在の力を記録した貴重な映像である。この二つの映像は、社会現象としてのアイドルを考える上で、私に大きなインスピレーションを与えるものであった。

その当時、私は、しばしば別の祝祭である脱原発デモに参加していた。その象徴的な映像として、自然発生的に人々が集まった、素人の乱主催の四月一〇日に行われた「高円寺・原発やめろデモ!!!!!」の映像がインターネット上に残っている。[1] そこでは毛利嘉孝が指摘するところのストリートの思想とその諸力が劇的なかたちで噴出していた。[2] 主催者である松本哉でさえ驚いた、インターネットというメディアに媒介されることで発火したこの祝祭的デモでは、チンドン屋の集団、バンドカー、DJカー、ドラム部隊、ダンサー、ラッパー、パンクスの群れが出現した。松本によると約一万五〇〇〇人が参加したという、なかば自然発生的なデモであった。[3]

その後、週末となれば数多くのデモが企画され、それまでデモに縁のなかった多くの人々が参加するようになっていた。多くの人々は、未曾有の災害に際して、脱原発を目指して街頭へと歩みだしたのである。私もまた、同じようにデモに参加するようになっていった。それらのデモは「高円寺・原発やめろデモ!!!!!」の映像に見られるように、祝祭性を帯びるものであった。

唯一の被爆国と自称し、反核という理念にもとづいた非核三原則を掲げた日本の市民社会は、福島第一原子力発電所事故によって広島と長崎に投下された原爆をはるかに凌駕する放射性物質をその国土と海中にまきちらすことになった。この未曾有の原発事故は、原発の安全神話と平和利用の虚偽性を多くの人々に自覚させた。福島第一原子力発電所事故は、唯一の原爆の被爆国として非核三原則を貫き、核の軍事利用に反対してきた多くの人々の願いと、まったく真逆の事態を招くことになってしまったのだ。

現在も収束の見込みもたたず放射性物質を放出しつづける被災した福島第一原子力発電所と、天文学的な費用を要することになったその廃炉作業と賠償問題は、〈3・11〉以前の核兵器と原子力エネルギーにまつわる私たちの自己イメージを解体するに十分なものであった。壊れてしまった過去の自己イメージは、いまもなお多くの人々に自ら、日本近代を問い直すことを強いている。虚偽の仮面となってしまった過去の自己イメージと、その下の定かならぬ素顔との裂け目から、政治的祝祭としての脱原発デモはエネルギーを得ていたように思う。

〈3・11〉を契機として衝撃を受けたアイドルの舞台を通じて考えることになったサブカルの祝祭と脱原発デモという政治的祝祭、この二つの空間のはざまで私は思考することを強いられた。

1　サブカルの祝祭とアイドル戦国時代の到来

私が、サブカルの祝祭と政治的祝祭とのかかわりという問題について、強い自覚を覚えたのは、コミックマーケット（以下、コミケ）の存在である。

東日本大震災直後の二〇一一年の八月一二日から八月一四日の三日間の開催期間で、東京国際展示場を会場にしたコミケは、入場者数で約五四万人を動員したといわれる。その直前の二〇一一年七月一六日に開催され、政治的祝祭ともいうべき脱原発運動のピークであった「さようなら原発一〇万人集会」でも、動員数は十数万人であった。私は、同時期に開催された二つの祝祭の動員力の違いに、強い衝撃を受けた。

この国では、多くの日本人に共有された脱原発という深刻な政治的主題を問う政治的祝祭を遥かに凌駕する、驚異的な美的祝祭が、もう数十年以前から継続的に行われてきたのだ。

ユルゲン・ハーバマスが述べているように、一七〜一八世紀において美的なもののもつ力は、文芸的公共圏から政治的なものを討議する政治的公共圏を生み出す基盤となった。美的なものを扱う文芸的公共圏は、近代市民社会と民主主義を成立させる政治革命を生み出すポテンシャルをもっていた。けれども、現代の日本における美的なものに対する人々の没入と美的公共圏は、恐らくそれとは異なった働きをなしている。

本稿は、美的なものを趣味的に消費するサブカルの一角を占めるアイドルの存在を論じるものだ。このアイドルという文化商品もまた、この国の人々の情動や社会意識と深くかかわり、それらを理解するための重要な鍵の一つである。

アイドル戦国時代の幕開けを印象づけたのは、二〇一二年六月に指原莉乃が日本武道館を会場にして主催した『第一回ゆび祭り〜アイドル臨時総会』であった。そのイベントに、アイドル戦国時代を彩る主要なアイドルグループが参加していた。指原は、AKB48が生み出した最大のタレントというべき存在であるが、彼女自身がアイドルオタクとしてイベントをとり仕切った。そこで注目を浴び、飛躍していったのが、ももクロであった。

アイドル戦国時代の幕開けをつげるもう一つのイベントは、二〇一〇年から開催されている

『TOKYO IDOL FESTIVAL』（略称TIF）である。このイベントは、女性アイドルグループをメインにした『アイドリング!!!』というTV番組のプロデューサーであったフジテレビの門澤清太が開催したものである。二〇一〇年の第一回は、四五組のアイドルが出演し、入場者数は、約五千人であった。二〇一一年五七組約一万人の入場者、二〇一二年一一一組、二万一千人を数え、規模を拡大させてきた。昨年の二〇一七年には、二三三組、約八万一千人を動員することになった。この参加人数からもアイドル現象の裾野が東日本大震災をまたいで急速に拡大していったことがわかるだろう。

2　消費社会の化身としてのアイドル

芸術や芸能が持つ虚構性は、現実原則が支配する現実を迂回する遊戯的時空間をつくり出す。文化的存在である人間は、虚構性に満ちた作品や舞台をつくりだし、好んで消費してきた。それらは、日常的な現実との距離によって構築され、現実の在り方を問う批評性を持つと同時に娯楽性を帯びてきた。

批評性の高い純文学などと異なり、大衆文化としての芸能の世界は、娯楽性をおびている。私たちは、虚構性をおびた幻想的な文化財を生産し、それを消費する存在なのである。

あらゆる芸術や芸能の世界が、非日常的な虚構性を帯びている。先に述べたように、日本の戦後芸能史のなかで独自の発展をしてきたアイドルという存在は、過剰な演出によって形作られる演劇的存在である。その虚構性と幻想性を読み解くうえで、南沙織以来といわれる、虚構の存在としてのアイドルを考える際に、四方田犬彦の『かわいい論』が参考になる。[4]

四方田が『かわいい論』の中で述べた、消費社会の商品を彩る「ミニュアチュール」「スーヴニール」「ノスタルジア」の三つの要素で作りあげられているが、この三つの要素の三位一体というべき存在こそがアイドルである。

まず「ミニュアチュール」であるが、四方田によれば、日本の美学的伝統において、「小さきもの」や「かわいい」ものに対する偏愛が、『枕草子』以来、存在していることを指摘している。日本のアイドルは、多くの場合少女であり、このミニュアチュールという要素を濃厚に湛えている。

四方田が指摘するように、子供は、大人のミニュアチュールにほかならない。この国で独自な発展と遂げた少女としてのアイドルは、幼さが持つ幻想性を巧みに利用している。アイドル消費は、物語消費の一つのバリエーションとして読み解ける。少女たちの幼いゆえの未成熟性は、成長への萌芽を含んでいる。幼さが潜在的に有する成長への力を演出することで、その成長物語を共有しようとする人々の欲望をかき立てるのだ。

次の「スーヴニール」は、記憶をともなった幻想的な物質性である。例えば、記念品、遺品、形見の品、家宝など類いである。アイドルの少女性は、消費者に対して、青少年期の記憶を喚起する物質性を帯びている。またアイドルのコスチュームにしばしば制服が用いられるは、スーヴニールという幻想的要素を高めるためといっても過言ではなかろう。その中でもAKB48グループが用いてきた制服は、その典型といってよい。

三つめは「ノスタルジア」である。四方田は、歴史家が資料を掘り起こし、過去から現在いたる因果関係を使命とするのとは異なり、ノスタルジアを求める者は、「堕落と幻滅に満ちた現在」を避け、現在の現実から切り離された、美しい幻想に浸ろうとするという。ノスタルジアという要素は、歴史的・社会的現実を否認する欲望に応えるものである。アイドルにおけるノスタルジアは、ミニュアチュール、スーヴニールという要素も加わり、過剰ともいえる美的な演出ゆえに、現実から乖離した美しき幻想としてのノスタルジアとしての特徴を示している。

幼げなアイドルが、ミニュアチュール、スーヴニール、ノスタルジアという要素の三位一体ともいうべき存在であるかがわかるだろう。この三位一体の虚構性ゆえにアイドルという社会的存在は、もちろん例外はあるが批評的・批判的志向を欠いた陶酔的な娯楽商品となっている。

ここで古典的な文化産業論からの一節を引用しておこう。

> 文化産業の強制力はつくりだされた欲求との統一のうちにあるのであって、欲求との対立のうちにあるのではない、ということは正しい。たとえそれが全能と無能の対立であっても。娯楽とは、後期資本主義下における労働の延長である。娯楽とは機械化された労働過程を回避しようと思うものが、そういう労働過程のために新たに耐えるために、欲しがるものなのだ。[5]

これは、一九四七年に出版されたホルクハイマーとアドルノの共著『啓蒙の弁証法』の有名な一節である。ホルクハイマーとアドルノによる批判的言説は、その当時の機械化された工場労働を前提としたものだ。本稿では二一世紀の〈3・11〉以降における日本の特殊な社会過程において、上述の「文化産業の強制力」と「つくりだされた欲求」との統一を解かねばならない。どのような欲求と、二一世紀の日本の特殊な文化産業が生み出したアイドルという存在が結びついているかを問いたいのだ。

3 「救済する少女」という美学的表象

絓秀実によれば、少女のもつ不可思議な力にすがる伝統は、日本文学において北村透谷（1868-1894）に最初に見られるという。[6] 絓は、自由民権運動の挫折の代償として、透谷が「少女的なもの」を発見したという。この絓の指摘にならうならば、大逆事件以降の治安維持法によって思想統制が強化された時代における永井荷風（1879-1959）の女性たちへの傾倒も、暗い時代の文学者の韜晦もあるだろうが考えさせられる。[7]

この少女幻想が文学だけでなく、より広範に及ぶものであることは、柳田国男が論じた「妹の力」がそれを証している。柳田によれば、妹の力とは、古来から日本の常民たちがすがってきた、目に見えない精霊的な「かよわい女性の力」である。[8] それは、男達が懸命につくりあげたものをたやすく解体する力であると同時に、男達に欠けた繊細な感受性をもって、人々に助言を与え勇気づける力であると柳田はいう。そのような不可思議な力が、少女の幻想の核に存在しているように思われる。[9]

こうした少女の幻想に対する没入は、かつての常民文化や近代文学という虚構の中だけでない。戦後日本においても、少女の幻想へと浸る欲望を強化する、美的な文化商品は、無数に存在してきた。「救済する少女」という幻想的表象は、現代でいえば宮崎駿の『風の谷のナウシカ』を筆頭に、さまざまな文化領域で再生産され続けてきている。宮崎の少女趣味は、彼個人の問題ではなく、少女に救済を求めてきたこの国の美学的伝統に属していると考えてよい。もちろん現代のアイドル現象もまたこの美学的伝統につらなっている。

4　アイドルによる「鎮魂」の儀礼

オタクたちの欲望に仕え、彼らを鼓舞する精霊的存在であるアイドルは、実のところ現代の巫女とも呼ぶべき存在である。

折口信夫によれば、日本古来の民俗において巫女は、遠方の異人なる神々の来訪に際して接待役を引き受けた地霊であったという。[10] そして、巫女は神々を歓待して還らせる役割をうけもつ。

来訪する神々に奉納される祭りの舞台で、歌舞音曲でもってもてなすのが巫女達の役割であった。巫女は、神々へと捧げられる聖婚のパートナーでもあり、清浄性と処女性をしばしば求められた。巫女という存在は、古来から日本のコミュニティが祝祭の場面で、神々へと捧げられる生け贄のような存在であったのだ。

折口は、日本における芸能の起源を論じる際に、芸能の目的が「鎮魂《たまふり》」と「反閇《へんばい》」にあると述べている。

古代の芸能の民は、「遊部《あそぶべ》」と呼ばれ朝廷に使えていた。遊部の戸主は女性で、「遊ぶ＝鎮魂《たまふり》」の儀礼を司っていたという。芸能による「鎮魂《たまふり》」の儀礼は、神々の荒ぶる魂を鎮めるだけでなく、死者や脱魂状態にある生者の霊魂を賦活することで現世の身体へと呼び戻し、再生させる力を持つと考えられていた。もう一つの目的である「反閇《へんばい》」とは悪しき霊魂が出てこないように踏みつけ押さえつけることである。その「鎮魂《たまふり》」と「反閇《へんばい》」という儀礼を行う際に、舞踊が捧げられる。「舞」は旋回運動であり良い魂を身体に定着させる働きを、「踊」とは跳躍運動であり、悪い霊魂を踏みつける働きをなすと考えられた。

折口は、芸能による「鎮魂《たまふり》」と「反閇《へんばい》」の儀礼と原型となるのが、『古事記』の天石戸のエピソードにおけるアメノウズメの舞踊にあるという。折口は、芸能の神であるアメノウズメが奉じた舞踊は、天岩戸の内側に隠れてしまったアマテラスの魂を賦活し、鎮めることにあったという。

現代の芸能の民であり、妹の力に優れた現代の巫女ともいうべきアイドルもまた、歌舞音曲によって祝祭の時空間を切り開き、脱魂状態にある人々の魂を活性化させてきたとみなしてもよいのではなかろうか。

ただ日本芸能史におけるコペルニクス的転回によって、清浄性と処女性を高めた現代の巫女であるアイドルは、現代の新たな神々というべきオタクたちに歌舞音曲を捧げてきた。

けれどもアイドルは、アイドル戦国時代という爆発的なブームは、アイドルを趣味的に消費してきたオタクたちの枠を突破し、多くの人々を魅了する国民的イベントとなったことの証であった。アイドル戦国時代という活況は、長期にわたる経済的停滞だけでなく、〈3・11〉の東日本大震災とそれに続く福島第一原子力発電所事故を契機としていると思われる。つまり、未曾有の災厄に見舞われたこの国に生じた無数の犠牲者を鎮魂するだけでなく、そのかたわらで正気を失い脱魂状態となった生者たちの魂を賦活し鎮める儀礼を誰かが行う必要があったのだ。そして多くの人々が、その鎮魂儀礼の担い手として、妹の力に優れた少女たちを見出したのだ。

そして実際に多くの少女たちは舞台へと向かい、アイドルとして見事にその役割を担い、多くの死者とともに傷つきたちすくんだ無数の魂たちを賦活したのだ。そう考えれば、二〇一一年五月という震災直後の大槌町の奇跡的なＡＫＢ48舞台と、同年八月の東京のよみうりランドで行われたモモクロの劇的な舞台にみられたアイドルによる鎮魂儀礼の意義と人々の熱狂の意味が了解できる。

5　アイドル現象の2次元への浸潤

この少女が持つ精霊的な幻想の力にすがろうとする心性は、思いのほか根深い。そしてアイドル現象は、〈3・11〉を前後にして生身のアイドルたちの身体性を超えて、2次元の世界にも深々と浸潤するようになっている。[11]

例えば、二〇〇五年にアーケードゲームからスタートしたアイドル育成ゲームの「アイドルマスター」は、二〇一一年にはアニメ化され、その後、漫画化や小説など、メディアミックスしたかたちで商品化され続けている。さらに現在でも声優たちによるライブ公演がおこなわれている。その規模と動員数は、スタジアムやアリーナを会場とすることもしばしばで、3次元のトップアイドルたちを凌駕する勢いである。ほかにもアイドルマスターに匹敵する社会現象となっている「ラブライブ！」は、二〇一〇年に雑誌の『電撃 G's magazine』で連載がはじまったものである。そこからラジオ・小説などに進出し、二〇一三年にはアニメ化されTV放映もされた。こちらはAKB48の総選挙を模倣しており、アニメのキャラクターが人気を競い合い、実際にそのキャラクターの声優たちが、アイドルグループとしてライブ公演を行っている。

現在、アイドルマスターやラブライブ！の動員数や音楽コンテンツの売り上げは、多くの生身のアイドルたちを凌いでいる。

アニメアイドルのファンは、かつてAKB48などのアイドルのオタクであったものが少なくない。あるアニメアイドルのオタクに聞いたことであるが、スキャンダルに苛まれるAKB48などの生身のアイドルだと裏切られるが、二次元のアイドルには裏切られることがないという。その清浄性と処女性において、二次元のアイドルは無謬である。とはいえ2・5次元とよばれるライブステージに立つ、イデア的なキャラクターの影ともいうべき声優たちに対して、清浄性と処女性が求められる傾向にある。

生身のアイドルたちが引き起こす醜聞によって傷つけられた欲望は、少なからず無謬の虚構性に酔い痴れることを欲することになる。その欲望にかなう美的形象であるアニメのキャラクターとして、アイドル現象は、その清浄性と処女性を高めたのである。このようなアイドル現象にみられる文化産業の力と人々の欲求との統一は、この国の人々の情動を慰撫する、きわめて興味深い社会的機能を担っている。

6 サブカルとサブカルチャーのはざまに立つアイドル

アニメキャラクターのアイドルに見られるように、現代のアイドル現象は、メディアミックスされた複合的なメディア環境の中で生じている。

アニメのキャラクターにいたるまで純化することを要求される、その清浄性と処女性のイデア的な高さゆえに、生身の少女たちさまざまな負担を強いられる。そうした過度な演出ゆえに、それを汚すものたちは、オタクたちの誹謗中傷にさらされてしまう。

例えば、恋愛禁止の原則を破ったＡＫＢ48の指原莉乃のＨＫＴ48への転出や、峯岸みなみの坊主頭での謝罪などは記憶に新しい。彼女たちだけでなく恋愛禁止という原則に対する違反者として多くのメンバーたちが断罪されてきた。

最近の出来事としては、二〇一七年のＡＫＢ48選抜総選挙における須藤凜々花の婚約発表が話題となった。そのかつてないタブーの侵犯のかたちは、オタクたちにだけでなく多くの人々に衝撃を与えた。須藤の婚約発表は、ＡＫＢ48選抜総選挙でトップに立ったことのある主要メンバーであった渡辺麻友の引退発表以上の注目を集めることになった。

幻想的な巫の力の系譜へと連なる恋愛禁止の原則は、虚構としてのアイドルの存在を演劇的に演出する舞台装置に過ぎないと私は考える。けれども度々その禁が踏みにじられることによって、多くのオタクたちは激高し、実際にインターネットを中心に炎上を発生させてきた。インターネット上のソーシャルメディアの誕生により、人々の感情の表出と拡散が容易になったのもあって、生身のアイドルたちのスキャンダルは頻繁にネット上での炎上を起こすのだ。その結果、醜聞にまみれたＡＫＢ48は、かつての輝きを失いつつある。

アイドル戦国時代の覇者であったＡＫＢ48は、育ての親である秋元康が手がける後続の新たなグループである乃木坂46や欅坂46に頂点の座を脅かされつつある。新たなグループである乃木坂46や欅坂46は、秋元の演出のなかでも特に問題視されてきた水着などの露出を控えるとともに、後発グループであるが故に比較的に醜聞から遠い存在である。

もちろん実際に生身のアイドルたちは、世間やオタクたちから要求される清浄性と処女性の高さに対して抵抗を示すものもいる。ここに政治性を喪失した文化商品としてのサブカルではなく、支配的文化に抗しようとするサブカルチャーとしてのアイドル現象が生じていると考えることができる。[12]

例えば、ももクロは、プロレス的なアングルから、AKB48が提示してきた「親しげな、可愛い女の子」というアイドル像に対して揺さぶりをかけた。ももクロたちは、〈3・11〉以降に最初に売り出したセカンドアルバム『5th Dimension』のジャケットでは、アイドルの命ともいうべき顔を覆い隠し、鋭利なスタッズ（鋲）に覆われた覆面で覆ってファンたちにショックを与えた。その収録曲は、それまでのアイドルが本領を発揮してきた恋愛幻想から離れたもので、脱原発をイメージするものも少なくなかった。そして、ももクロは、二〇一四年三月に目標であった国立競技場での公演を達成するなどして、AKB48に匹敵するアイドル界のもう一方の覇者となった。けれども、その公演の直前に安倍晋三首相主催の『桜を見る会』で首相とともにお得意のZポーズを決めたことを皮切りに、次第に反体制的な構えを消失させていった。

その過激さゆえにアイドル界のセックス・ピストルズともいうべき存在であった新生アイドル研究会BiSは、さまざまな仕掛けで、AKB48に代表されてきたアイドルという偶像に揺さぶりをかけ、それを破壊しようとした。

前時代的なジェンダー的役割を担う、無垢なアイドルという存在は、多くの人々にとって不愉快なものであろうし、人権的な観点からも問題含みである。近年のアイドルブームの中心となったAKB48グループは、一見清楚な演出をほどこされながらも、雑誌のグラビアやPVなどで、四季を通じた制服のように水着姿を披露した。そうした演出は、少女に対する性的搾取として非難される傾向にあった。[13]

新生アイドル研究会という名に違わず、BiSはアイドル界の批評的存在であった。実際にBiSは、全裸で樹海を疾走するMVを制作したり、体を張ったハグ会や胸ハグ会などを開催することで「今揉めるアイドル」としてAKB48やももクロをパロディー化した。内臓の飛び出したデザインのコスチュームで舞い踊ったパンキッシュなBiSは、脱原発をテーマにした映画である『アイドル・イズ・デッド――ノンちゃんのプロパガンダ大戦争』に主演するなど、それまでのイデア的なアイドルという偶像を破壊した。当時のメンバーであったファーストサマーウイカは、アイドルに対して金銭を支払う代償として、過剰な要求をつきつけてくるオタクたちに向かって「お前らはエンタテインメントを食い物にしているんだよ」[14]と言い放ち、ステージ上から彼らを何度も挑発し、罵倒し続けた。

BiSは、ノイズミュージックの雄である非常階段とコラボするなど、人気の絶頂期にあったが、品行方正なアイドルらしからぬ素行ゆえに毀誉褒貶につつまれた。そして目標であった武道館から公演会場としての使用を拒否され、二〇一四年七月に横浜アリーナで解散コンサートを行うことになった。

7　美的公共圏の非政治化と政治的祝祭の情動化

アイドルのイデア性を傷つける要素として注目すべきなのが、アイドルの政治的発言もまたタブー視されていることである。二〇一三年に出版された『誰も戦争を教えてくれなかった』という著書の中に収録されている、社会学者の古市憲寿とももクロとの対談の内容についてネットを中心にして炎上した。

その対談の中で、ももクロのメンバーである高城れにが「日本でも、韓国にいいイメージを持たない人がいるのと同じで、韓国には韓国の言い分があるじゃん。それが喧嘩のきっかけになっちゃうんだったら、もっと韓国の言い分も知りたい。歴史のこととか」と発言した。[15]この発言が契機となっての炎上であった。私には至極まっとうかつ常識的なものであると思われるが、この程度の発言でさえ、アイドルのイメージにそぐわないと受け止められる傾向にある。芸能にかかわる美的公共圏では、このようなささやかな政治的発言でさえ、忌避される傾向にある。[16]

とはいえアイドルだけでなく、メジャーレーベルに属するミュージシャン（アーティスト）のほとんどが、政治的発言を忌避する傾向にある。へたなロックミュージシャンよりも、脱原発や反戦運動に熱心に参加してきた例外的なアイドルグループである制服向上委員会もまた、二〇一一年七月に行われた日本最大のロックフェスであるフジロックフェスティバルの出演を土壇場で拒否された。頭脳警察のパンタなどが演出を手がけたこともある彼女たちは、カウンターカルチャーとしての側面を持つアイドルグループであり、今もなおメジャー路線から外れた活動を継続している。

またシールズの奥田愛基が、二〇一六年のフジロックフェスティバルで行われるトークイベントに参加することが知れ渡ると、やはりネットを中心にして「音楽に政治を持ち込むな」という批判の大合唱を受けてしまい、大炎上してしまった。欧米では反逆する若者の代名詞とも考えられてきたロックフェスティバルでこのようなことが生じるのだ。

こうした、この国の美的公共圏におけるこの非政治的志向は、多くの場合、忖度・自己検閲・自主規制によってなりたっている。これは芸術や芸能の虚構性と批評性という特徴を考えるならば、非常に興味深いものである。

国歌や唱歌の存在はいうまでもなく、ウッドストックやジョン・レノンやセックス・ピストルズなどを持ち出すまでもなく、音楽と政治は切り離しがたい関係にある。

私たちは、このような美的なものから政治性を切り離そうとする自主規制的態度に慣らされてしまっているのではないだろうか。

文化的商品群の一角をなす「お笑い」の世界においても、政治性を自主規制的に避ける慣習と心性は通底している。二〇一七年一二月に放送されたフジテレビのTV番組『THE MANZAI 2017』で、お笑いコンビのウーマンラッシュアワーが原発問題や沖縄の米軍基地問題を扱ったネタを披露した。ウーマンラッシュアワーのネタは、多くの人々に衝撃を持ってうけとめられた。

この衝撃は、お笑いの世界でさえも、政治性を自主規制的に切り離そうとしてきた美的文化の慣習と心性が浸潤しているからこそ生まれるのだ。それゆえ、これもネット上で炎上することになってしまった。ウーマンラッシュアワーの村本大輔が述べるように、リア王の道化が象徴するように、お笑いには権力を批判する根源的な力が備わっている。[17] そのような反権力的な風刺の笑いという批評的武器でさえも、マスメディアに登場する芸人たちのほとんどが自主規制的に行使しようとしない。

このように私たちの知覚は、政治性から切り離された情動を喚起する無数の美的商品群に取り巻かれている。この政治的なものに対する忌避は、非常に根深い。

むすび　「虚構のアジール」としてのアイドル現象

非政治性の極みともいえるアイドルへの没入は、所与の現実に対する否認の身振りを含んでいると考えてよいだろう。苛酷な現実を変えるためのアリーナである政治的領域へと歩みを進めるのではなく、苛酷な現実を否認する虚構の舞台へと没入するその傾向を、娯楽としてのアイドル現象はしめしてきた。

脱原発運動もままならず、ナショナリズムやパトリオティズムが台頭し、現代の治安維持法といわれる共謀罪も施行されてしまった。唯一の原爆被爆国と平和国家というアイデンティティを維持してきた戦後日本は、解釈改憲による軍事国家への転換によって、すでに新たな戦前の時代へと突入している。

バブル崩壊以降の長期にわたる経済的停滞から生じるさまざまな諸問題が退行的なアイドル現象を生み出す社会的背景となってきた。それに加えて生じた東日本大震災や福島第一原子力発電所事故という巨大災害、平和国家から軍事国家への転換が、暗い時代の闇をさらに深めている。こうした闇の深まりこそが、虚構の存在であるアイドルのイデア的な輝きを増大させているのではないだろうか。

そうだとすれば自由民権運動の挫折に直面した透谷がみいだした「少女的なもの」あるいは大逆事件に恐れおののいた荷風が芸妓や娼館の女性たちのもとに身を寄せたその振る舞いは、決して過去のものとはいえないだろう。「政治的なもの」から撤退し「美的なもの」へと退行する身振りは、この国において何度も繰り返されたことではなかろうか。

〈3・11〉以降のアイドル現象を通じて見えてきたのは、社会的危機に際して多くの人たちが少女の幻想的な力にすがった事実であり、美的なものへと退行することで、政治的なものから離脱し、虚構のなかへと没入してゆく姿である。例外的なアイドルたちがそうした美的な退行現象に抗する姿勢を示した。

他方で、政治の美学化も進展しているように思える。フェイクニュースが横行し、歴史修正主義への自主規制的な拘束も緩まってきている。先に述べたももクロの高城れに対するネット上の批判の多くは、ネトウヨ的言説の典型的な発露でもあった。ポスト真実の時代において、真摯な討議のアリーナであるべき政治的公共圏は、真実よりも、情動をゆさぶる虚構を求める傾向にある。

改めてメディアと交わった知覚について問うことで、本稿を終えたい。虚構の存在であるアイドルへの没入や歴史修正主義的言説の横行は、それぞれ真実の他者を求めるものでない。それらは他者性を欠いた「美的なもの」である。批評性を欠いた美的なものは、人々の理性に訴えるのではなく、知覚に衝撃を与え、情動を揺さぶり、その受容者の快楽を引きだしてくる。

活字というメディアが退潮してしまった新たな複合的メディア環境において、日本の政治的祝祭は急速に情動化している。他方でサブカルの祝祭は非政治化によって、苛酷な現実を否認するための避難所のようになっている。

その中でも消費社会を彩る主要素の三位一体ともいうべきアイドルは、いわば「虚構のアジール（避難所）」として機能している。二次元のアニメのキャラクターにまで純化されたアイドルという偶像の存在は、現在の複合的なメディア環境の影響で情動化が進む政治風土の在りようを如実に物語っているのではないだろうか。

虚構性と身体性とがせめぎあうアイドル現象を考えるうえで欅坂46の存在は興味深い。プロデューサーの秋元康によれば、欅坂46は、彼が手がけるグループのなかで最も苦悩しているグループだという。[18] その苦悩を体現するセンターの平手友梨奈は、代表曲の『不協和音』をステージで歌う際に、しばしば身体の不調に見舞われている。この曲の歌詞は、不条理なものに対して死を賭して抵抗することを呼びかけている。その世界観は、矛盾に満ちたアイドルという三位一体の幻想を解体しかねないノイジーなものである。この楽曲における欅坂46のパフォーマンスを見ると、抵抗というテーマとアイドル幻想とが不協和音を起こし平手の知覚と身体に激しい衝撃を与えているかのようだ。アイドルとして舞台に立つ生身の少女たちの多くは、アニメのキャラクターとは異なり、刃のような言葉や幻想の力に翻弄され、深く傷ついてゆく。

そう考えるとアイドル界の頂点へと上り詰めた渡辺麻友がAKB48を引退するに際に残した言葉は、生身のアイドルに求められる苛酷さを体現する、真実の響きをもって聞こえてくる。[19]

「AKB48の中にいると本当にいろんなことが日々起きて、それを全部まともに受け止めたら、心が壊れちゃう。それで、どうするか考えたときに『そうだ！感情をなくせばいい！』って気付いたんです。その日から感情をオフにしました」

「いちいち真面目に向き合っていたら、本当に心がどうにかなっちゃうので。逆に言うと、感情をなくしたからこそ一一年間もAKB48を続けてくることができました」

人々の夢想的な欲求に対する犠牲として、少女たちを舞台という祭壇に捧げながら、これからもショーは続いてゆく。[20]

注

1 Shimada Akira, 2011.

2 毛利嘉孝 2009.

3 松本哉 2011.

4 四方田犬彦 2006.

5 ホルクハイマー&アドルノ 2007：282.

6 絓秀実 2004.

7 奥定泰之 2015.

8 柳田国男 1990a.

9 井桁碧（2001）によれば、柳田民俗学の女である「妹の力」はフェミニズムやジェンダーの観点からすると極めて問題含みである。福田アジオの説に依拠しつつ、井桁は、「妹の力」の真の担い手が、男性中心主義的・父権的な家族の中に絡めとられた女性であると指摘している。この指摘によれば、実のところ「妹の力」は、家長を補佐し、統率する家の存続に貢献することを期待される従属的な主婦という社会的存在と結びついている。「妹の力」は、女性たちに本来的にそなわる男を鼓舞し勇気づける役割を担うことを勧めている。井桁や福田の説に依拠するなら、「妹の力」に優れたアイドルという存在は、現代日本における、二項対立的な男女の性的分業にかかわる構造的暴力の存続を明かすものであるといえよう。現代におけるアイドルは、現存する男性中心主義的・父権的性質が支配的である公的秩序から排除された女性の存在を明かす悲劇的形象でもある。

10 折口信夫 1933：33.

11 泉信行 2016.

12 ここではサブカルとサブカルチャーを異なった意味で用いている。本稿では、ヘブディッジ（1986）が述べるように、「サブカルチャー」をヘゲモニーを握った文化に対する反対と否定という抵抗の次元を含んだ文化の意味で使用している。他方の「サブカル」は、北田暁大（2005）が指摘した、日本独自の歴史的文脈から生じた〈消費社会のシニシズム〉によって、抵抗の次元を消失させてきた趣味的文化を指す。

13 J-CAST inc, 2011.

14 倉本さおり 2014.

15 古市憲寿 2013,325.

16 ハーバマスが『公共性の構造転換』で扱った美的な芸術作品を批評した文芸的公共圏は、現代では、理性の働きが活性化した活字文化が退潮したことで、複合的なメディアに媒介された知覚を基礎とした美的公共圏へと転換していると考えられる。

17 沖縄タイムスプラス 2017.

18 吉田大助 2017.

19 小野田衛 2017.

20 渡辺麻友の発言は、少女たちにとってアイドルという仕事が、多くの場合、過酷な感情労働であることを示している。

参考文献

泉信行 2016「アイドルアニメと美少女の表現史――1980-2010年代」『総特集☆アイドルアニメ――「アイドルマスター」「ラブライブ」「アイカツ！」そして「KING OF」』ユリイカ9月臨時増刊号、第48巻第12号六九―七七頁

井桁碧 2001「『日本』論という思想――同化の〈暴力〉」『フェミニズム的転回――ジェンダー・クリティー

クの可能性』白澤社
大塚英志 1989『少女民俗学――世紀末の神話をつむぐ「巫女の末裔」』光文社
同上 2012『物語消費論改』アスキー新書
岡島紳士・岡田康宏 2011『グループアイドル進化論「アイドル戦国時代」がやってきた！』マイコミ新書
奥定泰之 2015『「社会（コンヴィヴィアリテ）」のない国、日本――ドレフュス事件・大逆事件と荷風の悲嘆』講談社
沖縄タイムスプラス 2017「『THE MANZAI』「朝まで生テレビ」後……村本大輔さんは沖縄で何を語ったか 独演会詳報」沖縄タイムスプラスHP.（二〇一八年一月一二日閲覧、http://www.okinawatimes.co.jp/articles/-/191955）
小野田衛 2017「AKB48『11月のアンクレット』」渡辺麻友&柏木由紀インタビュー」『ナタリー』Natasha,Inc.（二〇一八年一月一二日閲覧、https://natalie.mu/music/pp/akb48_03）
小野正嗣 2012『ヒューマニティーズ　文学』岩波書店
折口信夫 1991『日本芸能史六講』講談社学術文庫
同上 2012『折口信夫芸能論集』安藤礼二編 講談社
北田暁大 2005『嗤う日本のナショナリズム』ＮＨＫ出版
倉本さおり 2014「アイドル界の過激派集団　解散直前！ＢｉＳインタヴュー」『週刊金曜日』第22巻 第22号 二二一―二二三頁
さやわか 2012「徹底解剖　前山田健一＝ヒャダイン」『Quick Japan』太田出版, Vol.103, 五八―七九頁
J-CAST inc. 2011,「秋元康に米ＣＮＮが厳しい追及『性的搾取に関与しているのか』」J-CASTニュース（二〇一八年一月一二日閲覧、https://www.j-cast.com/2012/01/16118991.html?p=all)
Shimada Akira 2011「高円寺・原発やめろデモ!!!!! 素人の乱主催02，出発地点でのカオス」（二〇一八年一月

一二日閲覧、https://www.youtube.com/watch?v=xnYALhFAX-U)
絓秀実 2004『JUNK の逆襲』作品社
清家竜介・桐原永叔 2013『ももクロ論――水着と棘のコントラディクション』実業之日本社
Habermas, Jürgen, 1990, *Strukturwandel der Öffentlichkeit: Untersuchungen zu einer Kategorie der bürgerlichen Gesellschaft, Neuaufl*, Suhrkamp. 細谷貞雄・山田正行訳 1994『公共性の構造転換――市民社会の一カテゴリーについての探究（第二版）』未來社
ヘブディッジ 1986『サブカルチャー――スタイルの意味するもの』未來社
古市憲寿 2013『誰も戦争を教えてくれなかった』講談社
ホルクハイマー&アドルノ 2007『啓蒙の弁証法』徳永恂訳、岩波書店
松本哉 2011「第43回原発やめろデモ大成功!!! 史上空前の15000人が高円寺に」松本哉の「のびのび大作戦」（二〇一八年一月一二日閲覧、http://www.magazine9.jp/matsumoto/110413)
毛利嘉孝 2009『ストリートの思想――転換期としての1990年代』NHK出版
同上 2012『増補、ポピュラー音楽と資本主義』せりか書房
柳田国男 1990a「妹の力」『柳田國男全集11』ちくま文庫、七―三〇四頁
同上 1990b「巫女考」『柳田國男全集11』ちくま文庫、三〇五―四一五頁
吉田大助 2017「スタッフインタヴュー　総合プロデューサー秋元康の目線――彼女たちの持て余しているエネルギーを言語化するのが僕の仕事です」『Quick Japan』太田出版 Vol.1 35 六六―六八頁
四方田犬彦 2006『「かわいい」論』ちくま新書

Ⅲ　記憶、忘却、死者

記憶と忘却——震災を記憶すること

毛利嘉孝

はじめに

人は何を記憶し、何を忘却するのか。特に東日本大震災のような強烈な出来事を経験した時、何が記憶として残され、何が忘却されるのか。震災から七年が経ち、震災が過去の出来事としてのみ語られるようになった今、この問いはますます重要になりつつある。

とりわけ考えたいのは、集団的記憶である。記憶とは必ずしも個人的なものではない。そして集団的記憶は、単なる個々の個人の記憶の合計ではない。というのも、集団的記憶を形成するためには共有されるべき物質的な基盤が必要だからだ。人々は物質として残されたものを見て、経験を思い出し、再体験するのである。それは、時に書籍や映画、音楽やテレビのようにメディアという形式を取ることもあるし、文学や音楽、絵画や演劇といった芸術作品という形を取ることもある。それだけではない。必ずしもはっきりと言語化されないものもまた集団的記憶を形成する。建物。街の風景。草木の匂い。ふと訪れたレストランの味。こうした非言語的な領域もベンヤミンが言う「無意志的記憶」を構成するのだ。それは意識の外側で経験された、覚えていないけれども身体の中に深く刻みこまれた記憶である。災害時に受けるトラウマとその長期にわたる影響はこうした「無意志的記憶」に結びついている。

こうした集団的記憶は、その個人が実際に経験したかどうかということとは必ずしも関係しない。しばしば集団的記憶は世代や時代を超越して存在している。記憶は、何度も何度も語りなおされることによって継承される。記憶は、語ることによってしばしば変奏を繰りえし、微妙に物語を変容し続けるのだ。人は何を記憶し続けるのか。何かを記憶するために何を忘却するのか。集団的記憶は、絶えず更新される。そして、そのことは別の根本的な問題を突きつける、集団的記憶の「集団」とはそもそも誰なのか。共同体なのか。国家なのか。どのように集団の成員とそれ以外の人々は区分されるのか。それとも人類の記憶というものは可能なのか。

集団的記憶の形成において災害は重要な役割を果たしている。大きな災害やカタストロフは、何世紀にわたって忘れがたい痕跡と傷跡を残すことになる。災害とは自然災害だけではない。今では人間が起こした人災もまた天災と同じように、時にはそれ以上に広範囲に甚大な被害をもたらす。ドイツの社会学者ウルリヒ・ベックが「リスク社会」と呼んだ社会は、公害や戦争などテクノロジーの発達によって人間がもたらす災厄が地球規模で影響を与えるようになった時代に生まれたものだ。その典型的な災害は、原発事故がもたらす放射能汚染である。ロシアのチェルノブイリ原子力発電所事故と同じ年に書かれた『危険社会』においてベックは、環境問題が、もはや国民国家という枠組では捉えられない、重要な政治的なアジェンダになったことを指摘した。災害は人間が人為的に形成した枠組みに合わせて起こるわけではない。災害はしばしば、国境を越えてトランスナショナルな広がりを示すことがある。チェルノブイリ事故は、当時のソ連だけではなく、ヨーロッパの人々の意識にも大きな影響を与えた。それは、ヨーロッパの、あるいは人類の災害として記憶されたのである。

さて、東日本大震災はどのような記憶を残したのだろうか。東日本大震災は単なる天災ではない。それに続いて起こった福島原子力発電所事故は、人災としか言いようがなく、そのことが東日本大震災の記憶と忘却の問題をより複雑な問題とした。人災であることによって、そのことを記憶ではなく忘却させたい圧力が確実に高まったのである。実際少なくとも東京で生活している限り、もはや震災の痕跡を感じることは困難になりつつある。それは、〈3・11〉前後にメディアの中で東北の記憶として、あるいは福島の記憶として語られるだけであり、もはや日本の記憶として語られることも少なくなった。加速度的に拡大する忘却のプロセスに巻き込まれつつあるのだ。

とすれば、いま一度東日本大震災とその後の福島原発事故について、あらためて何を記憶しているのか、何が忘れ去られてようとしているのか、書き留めておくのは決して無駄ではないだろう。そして、そのことは、そもそも震災の記憶は誰のものなのかを考えることでもある。

1　トランスナショナルな記憶と国民化される記憶

東日本大震災の記憶は日本人だけのものではない。震災直後に太平洋岸を襲った津波とその被害をめぐる物語は日本人以外の人々にも多くの記憶を残している。たとえば、宮城県の沿岸部には震災当時六〇〇人から七〇〇人の中国人の技能実習生が生活し、その多くは缶詰など加工水産工場で働いていた。

東日本大震災の被害が宮城県でも特に大きかったのは女川町である。人口八一九六人の町に死者五七五人、行方不明三四〇人なので、ほぼ十人に一人が亡くなったか行方不明になったかということになる。実際に避難を強いられた地域にいたっては六〇%近くの人が死亡または行方不明になったという。加工水産工場の拠点でもある女川町にも多くの中国人技能実習生が住んでいた。

女川町には佐藤水産という水産工場があり、二〇人の中国人の女性技能実習生が寮に住んでいた。幸いなことに、専務の佐藤充の判断により日本語ができない中国人を優先させ、地震後すぐに高台に優先的に避難させたことで、実習生たちは一難を免れた。しかし、佐藤専務自身は寮に残した人を探しに戻ったところで津波に巻き込まれ、一命を落としてしまう。この事件は、中国でも大きく報道され、当時の胡錦濤主席も北京の日本大使館を訪れ、お礼を述べている。実習生たちは余震が続く中、泣きながら中国へ一時帰国したが、二〇人中一四人が年内には女川に戻ってきたという事実は、いかに実習生と女川との結びつきが強かったのかということを示している。

外国人技能実習制度については、「実習」という名目で日本に不足している単純労働のための安い労働力確保をするための悪制度として批判が多い。しばしば、悪質な斡旋会社が間に入り、巨額の借金を背負わせた上に、渡航後もろもろ諸経費を差し引いた挙句、最低の生活費さえも渡さず、過酷な長時間労働をさせている事例も多く報告されている。現代の「奴隷労働」として国際的な非難を浴びている制度である。私も、外国人技能実習制度については現状の制度を一刻も早く廃止し、日本はきちんと移民政策に取り組むべきだと思う。

しかし、その一方で、震災のような緊急事態において、一時的とはいえ被災者ということで結びつき国境を越えた助け合い、自らの命も賭けた救助活動が行われたことは評価すべきだろう。佐藤水産のように感動的な出来事でなくても、特に被災時において、震災前までほとんど付き合いのなかった外国人と日本人が助け合って行動した例は少なからず報告されている。レベッカ・ソルニットは、災害などの悲惨なカタストロフィの直後にしばしば生まれるコミュニティを指して「災害ユートピア」と名付けたが、そうした例は東日本大震災の時も多く見られたのである。

女川の佐藤水産工場の話は、震災の記憶が国家や国籍といった国境を越えて共有された一つの例である。実際、東日本大震災は近隣諸国に衝撃を与え、その結果、国や民間から多くの支援が提供されることになった。中でも台湾からは二〇〇億円以上の義援金が集まった。一九九九年の台湾中部大震災の時に日本が多くの支援をしたことに対する一つの返礼として行われたというが、これも地震という天災を通じて経験が共有された例と言えるだろう。

その一方で、行政レベルの在日外国人の支援が十分だったかといえば、極めて疑わしい。震災後発表された報告書に在日外国人が扱われるのは、一部の多文化共生関連の報告以外ではほとんど皆無である。とりわけその直後に民主党から安倍自民党政権へと政権が変わり、中国や韓国との国際関係が悪化し、保守メディアの台頭とともに国内でもヘイトスピーチに代表されるレイシズムと排外的ナショナリズムが高まるにつれて、ますます被災した在日外国人に対する関心は薄れつつある。

この過程の中で、震災の記憶は一層ナショナルなものに回収されつつある。現政権は、アジアをはじめとする外国の人々とその経験をどのように共有するのかということについても全く興味がなさそうだ。二〇二〇年のオリンピックは東日本大震災の復興がテーマとされたが、実のところ、そのナショナルな記憶は、皮肉なことに震災がもたらした窮状と全く解決するめどがたたない福島原発事故の痴呆的もいえる忘却によって可能なのである。

2　関東大震災の記憶と〈3・11〉以降

記憶と忘却との関係を考えるために少し回り道をしてみよう。

東日本大震災と在日外国人の問題を考えるときに、しばしば関東大震災直後の朝鮮人虐殺事件が話題になる。朝鮮人虐殺事件とは、関東大震災直後に、在日朝鮮人が井戸に毒を入れるなど凶悪犯罪や暴動を画策しているというデマが流れ、それを信じた人々が自警団を結成し、朝鮮人と朝鮮人と間違われた中国人を惨殺するという残虐で痛ましい出来事である。犠牲者数は資料によって差があるが、数千人の朝鮮人が殺害されたと言う。殺されないまでも瀕死の重傷を負ったものも少なくなかった。

フォークシンガーの中川五郎が、最近になってこの事件をモチーフにした〈トーキング烏山神社の椎《しい》ノ木ブルース〉という曲を発表している。中川五郎は、一九六〇年代の政治の季節に活動を始めた高田渡や岡林信康と並ぶ日本のフォークソングのパイオニアの一人である。〈トーキング烏山神社の椎ノ木ブルース〉は、やはり関東大震災の時の朝鮮人虐殺事件を描いた加藤直樹の著作『九月、東京の路上で』（ころから刊）に衝撃を受けて作られた一七分四九秒にも及ぶ大作だ。音楽を用いた一種のドキュメンタリー作品と言ってもいい。淡々と繰り返されるギターの伴奏とともに中川が事件を物語るのだが、後半に行くにしたがって高ぶっていく語り口によって、映像が提供するイメージよりも映像的な情景が浮かび上がる。

舞台は世田谷の烏山神社。そこに植えられた椎の木が歌のテーマだ。一九二三年九月二日関東大震災直後、午後八時頃に京王電鉄の依頼を受けて新宿の土木作業現場に向かう途中の一七人の朝鮮人労働者が乗ったトラックが、東京府北多摩郡千歳山烏山付近で地震による陥没部分に車輪がはまって動けなくなり、自警団に取り囲まれる。すでに千歳村には「震災の混乱に乗じて転覆を図る朝鮮人暴徒が世田谷方面から集団で襲ってくる」というデマが流布していた。竹やり、こん棒、トビロ、刀など凶器をもった自警団は、取り囲んだときにすでに興奮しており、朝鮮人だと知るやいなやトラックに乗っていた一七人に襲いかかった。そのうち二人はなんとか脱出したものの、残り一五人は凄惨なリンチにあい重軽傷を負った。四人は病院に搬送されたが、そのうち一人は亡くなった。

その翌日、自警団として参加していた五〇人が警察の取り調べを受ける。うち一二人（一三人という資料もあるらしい）が殺人罪の容疑で起訴された。その中には大学で英語学を教える教授もいた。しばらく経って、事件のあった烏山神社に椎の木が植えられた。

この事件はごく最近まで語られることはなかったが、六〇年後の一九八二年の世田谷が発行した『世田谷、町村のおいたち』にこの椎の木のことが記されている。この当時に近所に住んでいた徳富蘆花によれば、烏山神社に植えられた一三本の椎の木は、関東大震災直後に虐殺された朝鮮人労働者の霊を弔って地元の人たちが植えたというのである。

ここで終われば、この物語は残虐な日本の植民地時代を描いた過去の話で終わりかもしれない。けれども〈トーキング烏山神社の椎ノ木ブルース〉はこれで終わらない。この話には、明らかに矛盾がある。烏山神社の参道に植えられている椎の木を実際に数えてみると、一三本ではなく一二本。死んだ朝鮮人は一人。重軽傷を負ったのは一四人。では、一二本の椎ノ木とはいったい何なのか。

『九月、東京の路上で』には、一九八七年の烏山町の古老に聞き取り調査によって明らかになった驚くべき真相が書かれている。一二本の椎の木は、起訴された一二人の自警団の男たちが晴れて村に戻って来たことを祝福して植樹されたものだったというのだ。古老はこのように言ったとされる。

「このとき（一二人が起訴されたとき）千歳村連合議会では、この事件はひとり烏山村の不幸ではなく千歳連合村全体の不幸だ、として一二人にあたたかい援助の手をさしのべている。千歳村とはこのように郷土愛が強くて美しく優しい人々の集合体なのである。私は至上の喜びを禁じ得ない。そして一二人は晴れて郷土にもどり関係者一同で烏山神社の境内に椎の木一二本を記念として植樹した」「日本刀が、竹槍が、どこの誰がどうしたなどと絶対に問うてはならない。すべては未曽有の大震災の行政の不行届と情報の不十分さがおおきく作用したことは厳粛な事実だ」（加藤直樹『九月、東京の路上で』五〇頁）。

これに対して〈トーキング烏山神社の椎ノ木ブルース〉は、九〇前の出来事をヘイトスピーチで溢れかえる今の状況に重ね合わせて次のように叫んで終わっている。「僕は思った、変わろうとしないこの国を、変わろうとしないこの国の人たちを、まるで祝福しているかのような、この大きな椎の木をぶった切ってやりたいと」。

実際のところ中川五郎が歌っているのは一九二三年の関東大震災の出来事ではない。東日本大震災の後の東京に生きている現在の私たちの記憶である。東日本大震災の際にも心ないデマがSNSの中で拡散されることはあったが、関東大震災とは異なり、こうした痛ましい事件が起こることはなかった。しかし、このことは、本当に日本がかつての植民地時代の過去を清算したことを示しているのだろうか。

烏山神社の椎の木の話においては、公的な資料としては朝鮮人労働者の犠牲者を悼むそぶりを表面的には装いつつ、集団的記憶は加害者を庇う物語に変容させられてしまっている。これは、しばしば歴史修正主義者が朝鮮人虐殺事件を矮小化するために持ち出す犠牲者の数の問題ではない。またあえて言えば、椎の木がどのような経緯で実際に植樹されたのかどうか、ということでさえもない。そうではなく、関東大震災とそれに続いて起こった朝鮮人虐殺事件がどのように記憶されているのかということである。

二〇一七年九月、小池百合子東京都知事は、例年行われている関東大震災の朝鮮人犠牲者追悼式に追悼文を送ることを取りやめた。その理由は「関東大震災で犠牲となられた全ての方々への追悼の意を表した」(二〇一七年八月二五日付『朝日新聞』、傍点は筆者)ということだ。しかし、実際には都議会において保守系の政治家が六千人の朝鮮人虐殺という「人数」に対して疑義をとなえ、例年行われている追悼メッセージに抗議したことに対応したものだと考えられている。いずれにしても、小池知事の言う全てからは、椎の木をめぐる地元の記憶のように、朝鮮人犠牲者はもはや排除されてしまっている。そしてそれを排除するのは「郷土愛が強くて美しく優しい人々の集合体」にほかならない。

東日本震災以降聞くにたえない「ヘイトスピーチ」と呼ばれる差別的な言動が特に在日コリアンや在日中国人に対して投げかけられるようになった。その中には殺人を教唆する過激も表現も多く含まれている。中川の言う「変わろうとしないこの国を、変わろうとしないこの国の人たち」とは、こうしたヘイトスピーチを直接扇動している人にのみ向けられているのではない。むしろそうした人々さえも共同体の成員として迎え入れる社会に向けられている。椎の木とはそうした排外的な社会の象徴なのだ。そこには、依然として関東大震災の時代のような植民地主義的メンタリティが、日本の社会の深層部に残存していることを、はからずも示している。

3 『息の跡』――記録できない記憶の共有

もうひとつ別の記憶のあり方を示した作品を紹介しよう。小森はるかが作ったドキュメンタリー映画『息の跡』である。『息の跡』は、小森が監督として手掛けた最初の長編ドキュメンタリー映画だが、彼女は映画製作と並行して、アーティストの瀬尾夏美と一緒に東日本大震災後の被災地の日常を描いた作品を制作している。映画製作と現代美術家としての活動は表裏一体であり、別々の活動というよりも同じテーマを違うメディアで表現する新しいタイプの表現者と言えるだろう。

小森は、東日本大震災直後に瀬尾と一緒にボランティアとして東北に行った。当初は作家としていくつもりはなかった。けれども、宮古市の避難所でボランティアをしているときに、たまたま持っていたカメラで写真を撮ることを依頼され、それから震災後東北で何が起きているのかを記録していくことを決めたという。

小森の作品の重要な特徴は、その地に実際に暮らして生活を一緒に経験するというところにある。そこでは経験と記録が一体化しているのだ。当初ボランティアで定期的に通っていた小森は、震災のあった翌年二〇一二年四月に陸前高田に引っ越して、実際に暮らし始める。

陸前高田は岩手県だけではなく東北地域全域でも最も津波の被害が甚大だった地域である。死者一五五六人、行方不明者二〇三人、家屋倒壊数四〇四六棟という数は、宮城県の石巻市に次ぐ数字ではあるが、全人口に対する死者と行方不明者を足した数の割合はなんと七・七五%にも達する(ちなみに石巻は二・四七%である)。約一三人に一人が亡くなったという計算になる。

小森は単に作品を制作するためではなく、地域の人々と一緒に生活をすることを目的に陸前高田に移住する。蕎麦屋の店員などしながら生活をしていく中で、彼女は佐藤貞一という男性に出会う。佐藤は、まわりの家がすっかりと流されてしまった中にぽつんと建っている種苗屋「佐藤たね店」の店長だ。この「佐藤たね店」のたたずまいが半端ではない。手書きの看板やバナーがいたるところに飾られている。瓦礫で作った苗木のカート。山の落ち葉や鶏糞を混ぜた苗床の土。

水を汲みだす井戸は手堀りしたという。

佐藤は、高校卒業後農産加工会社に勤務、その後二〇〇〇年に独立、陸前高田で種苗店を営んでいた。津波が陸前高田を襲った日は、幸いなことに数日前に起こった地震の被害を心配して、石巻の山側にある実家の様子を見に夫婦で帰省していたので、佐藤自身は幸い津波に巻き込まれることはなかた。しかし、数日後瓦礫の山をかき分けて戻ってきて佐藤は呆然とする。店はもちろん、住宅、ビニールハウス、倉庫、さらには近所の住宅街や工場、桜の木や並木道など全部が流されてしまっていたのだ。それだけではない。地元の親戚や友人の多くが津波で流されてしまった。人前でこそ泣かなかったが、毎日泣いてばかり暮らしていたと佐藤は、別のインタビューの中で述懐している。

しかし、映画の中の佐藤は、そうした悲しみを見せることはない。まだ震災のショックから立ち直ることができない瓦礫の跡の中で、佐藤は自分の力でプレハブの店舗を建て、営業を再開する。佐藤の行動はエネルギッシュで、そのキャラクターは濃い。映画撮影時には大学院を休学していた小森との会話が映画では収められているが、佐藤のパワーに圧倒されている感じがユーモラスでさえある。

佐藤は、震災の直後からその記憶とその後の生活を独学で習得した英語で記述し、本の自費出版を始めた。またその過程の中で、陸前高田の震災の歴史に記録をも持ち、かつてどのような地震や津波があったのかを独学で勉強し始める。英語だけではない、中国語やスペイン語にも手を広げている。本のタイトルは、『The Seed of Hope in the Heart』である。映画の中に、佐藤が本の一節を朗々と読み上げるシーンがある。独学なので発音がいいとは決して言えない。けれども、そのあまりにも堂々とした朗読には、奇妙にも感情が掻き立てられる。

映画は、この佐藤の屈託のない語りとそれに相槌を打つ小森との会話で進んでいく。それは震災後の日常である。それは日常なので、淡々としたものだがやはりどこか震災後という固有の時間が流れている。このことがはっきりとするのは、佐藤がなぜ英語を独習し、英語で自分の経験を書いているのかが明らかになる場面においてである。佐藤が、あえて不得意な英語で書くのは、日本語では悲しみが大きすぎて書けなくなるからだというのである。佐藤は、日本語は感情的な表現が多すぎる、英語を使って事実だけを伝えたいと考えたのだ。

ここに来て映画を見ている人は、佐藤がどうしてこれほど明るく、これほど饒舌なのかを振り返って考えさせられることになる。それは、あまりにも哀しみが深いために、それを語る言葉を失ったこととの裏返しなのである。その経験はあまりにも辛かったので言葉を失ったのである。英語を学ぶことと、そして英語で文章を書くことは、言葉と経験をゆっくりと少しずつ取り戻し自分の身体に血肉化させていく作業でもあるのだ。佐藤は、死んでしまった人たちが自分にそうさせているのだと語る。

興味深いのは、こうした経験が、佐藤が書いた英語やスペイン語、中国語で書いた本を通じて、実際には震災も津波も共有していない人々にもゆっくりとではあるが共有されていることである。

佐藤の経験は彼の専有物ではない。それは、津波によって亡くなった人々のものでもあり、彼はあたかも霊媒師のようにそれを呼び起こしているように見える。その経験を共有する人は、陸前高田という空間的な制約を越え、書籍という形式で世界中に広がっているのである。実際に、佐藤は台湾やバルセロナで講演も行っている。

実は、映画で描かれている『佐藤たね店』は、今では存在していない。津波の被害が大きかった地域は、土地全体に土を入れてかさ上げするということになり、彼の思いが詰まった手作りの店舗は、行政から立ち退きの要請を受けて移転してしまったのである。映画の最後のシーンは、かさ上げが進む工事シーンで終わっている。その後佐藤は、別の場所で新店舗をはじめ、小森も仙台へと居を移すことになる。『息の跡』という映画は、震災後の瓦礫の跡で奇跡的に呼吸をしていた人々の生の貴重な記録でもあるのだ。

結論の代わりに（結論を出さないこと）

さて、ここまで私たちは三つの記憶と忘却を見てきた。ここで私は何か記憶に対して一つの共通するパターンを見出そうとしているわけではない。また何か結論めいたものを考えていたわけでもない。記憶は、誰がどのようなメディアを用いて記録するのかということによって、大きく作用される。まして集団的記憶は、記憶を取り巻く政治や経済、テクノロジーによって常に変容させられる。記憶とは、まさに現在私たちの生のあり方を投影したものであって、単に過去の出来事がそのまま保存、維持されているものではないのだ。

記憶は必ずしもナショナルなものではない。日本人の記憶なるものは、複雑に重なり合ったさまざまな記憶の一つのバージョンにすぎない。記憶が幾層にも折り重なるとき、コンピュータのハードディスクに残されたデータの上書きのように、しばしば過去のデータが失われてしまう。けれども最近の技術革新が示しているように、上書きされて消されたデータはこの世からなくなってしまったわけではなく、なんらかの形で残存している。場合によっては奇跡的に復元することができるかもしれないのだ。とりわけ集団的な記憶は、さまざまな場所や時間に分散され、断片化されて保存されているために、断片をつなぎあわせることで全体像が見えてくることは可能なのである。

震災のようなトラウマ的な出来事は、あまりにもショックが大きすぎてその経験がすべて記録されることもない。記憶もまたさまざまな形で変容させられる。文学や映画、音楽というのは、そうした形で変化する記憶の一断面を固定することによって、私たちの現在を逆に照らし出す。それは、単なる記憶ではなく、むしろ私たちが忘却してしまったものである。中川五郎の〈トーキング烏山神社の椎ノ木ブルース〉、小森はるかの『息の跡』はそうしたものの一例だろう。これに佐藤貞一の『The Seed of Hope in the Heart』もまたつけ加えることができるかもしれない。記憶すること。忘却すること。そして、その交錯を複雑な過程として理解すること……。

死者とともに生きる、そして死者が生きること
――『君の名は。』からの呼びかけ

伊藤守

はじめに

二〇一七年七月ドイツに向かう機上で『君の名は。』を見た。ゼミの学生や私の息子からこの映画について聞いてはいたものの、若者向けの恋愛物のアニメ作品だろうと思い、積極的に見ようという意欲はわかなかった。しかし、機上の小さなスクリーンで見て、その印象は一変した。一度の鑑賞では理解できず、多くの謎が頭をよぎった。そしてこの作品に取りつかれたように何度もその映像に向き合った。

『君の名は。』は、これまでのアニメ作品のなかでも高水準の映像美が高く評価され、若い世代から圧倒的な共感が寄せられた。時空間をまたぐ三葉と瀧の出会いと再会という物語構成を称賛する多くの声もある。その一方で、これまでの新海誠の作品に一貫して流れていた「ズレ」や「不

整合」という要素が薄れ、この作品の最後の場面で描写された三葉と瀧の再会という、一見するとハッピーエンドで終わる結末が象徴するように、『君の名は。』は新海誠らしくない作風であるとの批評も多くなされている。

しかし、「ズレ」や「不整合」という新海の作品に特有の作品性が薄れたという多くの評価が「妥当性を欠いている」とは言えないものの、この作品の核心をどれほど言い当てているのか、疑問なしとは言えない。この作品は、それ以上の、より深い考察をわたしたちに求めているのではないか。

新海自身、この作品を、「〈3・11〉東日本大震災」から受けたさまざまな経験にもとづいたものである、と位置付けている。その発言を補助線にしながら、ここでは、この作品を「〈3・11〉東日本大震災」の大津波で犠牲となった人々、そして「フクシマ第一原子力発電所過酷事故」後の過酷な生活で亡くなった多くの人たち、その彼らをいまこそ想起しつづけたい、という新海の強い思いに溢れた作品として読み解きたいと思う。

1　いくつもの境界線を乗り越える――「結び」

DVDのパッケージに寄せられた「世界の違う二人の隔たりと繋がりから生まれる『距離』のドラマ」という文章が、この作品の核心を正確に綴っている。たしかに、この作品にはいくつもの隔たりや切断線あるいは境界線が走っているからである。

巨大都市・東京に暮らす瀧と岐阜の片田舎・糸守で生活する三葉。地理的な隔たりがそこには存在する。そして、瀧と三葉という二つの身体。言うまでもなく、そこには、男と女という距離が存在し、性格も三葉が活発で行動的な高校生であるのに対して、瀧は内気な性格の持ち主として描かれている。二つの身体の隔たりがそこには存在する。

さらに、作品の中で最も重要な要素をなしている時間の隔たり、時間の境界線がある。

彗星が落下したX年（二〇一三年）に高校三年生である三葉の身体に、Xプラス三年に高校三年になった瀧が入れ替わる。三葉の身体に入り込んだ瀧は、膨らんだ胸を手で触り、女性の下着を身に着けている自分に驚愕してしまう。「夢か」と思うのだ。

一方、Xプラス三年（二〇一六年）の高校三年の瀧の身体には、X年に生きる高校三年の三葉が入れ替わる。そこには明らかな時間の隔たりが存在する。瀧が入れ替わりを経験するのはXプラス三年という時点であり、三葉がそれを経験するのはあくまでX年だからである。そのため、三葉がX年に彗星が落下する前日に東京で生活する瀧に会いに出かけ、瀧と偶然出会うことになっても、中学三年の瀧は三葉を知る由もない。三葉は失意のうちに出水に戻り、髪を切ることになる。

こうして、三葉と瀧という二つの身体は、地理的な隔たりを超えて、X年とX年プラス三年という時間的な隔たりをも超えて、身体という境界線を越境して入れ替わり、つながるのである。

距離、境界、隔たり、そしてそれを「跨ぐ」こと、向こう側に越境すること、向こう側からの越境を受け止めること、というこの作品の基本的な構造は、いくつものシーン、いくつもの語り、にも示されている。

たとえば、納戸の開け閉め、襖の開け閉め、山の手線の電車のドアの開け閉め。そうしたシーンが繰り返し登場する。それらは、家の内と外という境界の失効、部屋の内外の境界の失効、電車の内と外の境界の失効、境界そのものの失効を意味する。納戸を開けば、視界は開け、朝のまぶしい日差しが差し込む。内から外へ、いままで見たこともない世界が見えるだろう。

もう一つ例を示すならば、「宮水」も境界越境という構造のメタファーといえる。「口噛み酒」と呼ばれる「宮水」は、新米を巫女の口に入れ唾液と一体となった米をふたたび口から出して保存することで神にささげる「宮水」となる。つまり、体内へ、ふたたび体外へ、という越境のプロセスが「宮水」の「命」なのだ。と同時に、それは、唾液＝俗世、「宮水」＝神の世界＝聖、という聖俗の境界を跨ぐことを示唆する。

この隔たりを跨いでいくという論理を、瀧と三葉という二つの身体の入れ替わりという次元に立ち戻って考えるならば、次のように表現することができる。すなわち、「内」なる「自我」と「外」なる「自我」の境界が失効するということだ。「私」が「他者」として生き、「他者」が「私」を生きる。三葉は瀧を生きる、瀧は三葉を生きる、ということだ。

作品の中では、「君に入っていたのは私」、「私に入っていたのは君」と述べられている出来事だ。

それは、とても不思議なことだ。

現実には絶対にありえないことだ。不可能なことだ。そう思われるかもしれない。しかし、それは本当にありえないことなのだろうか。「私」が「他者」として生き、「他者」が「私」を生きる、ということは。

アニメーション作品だから可能な、映画だから可能なことなのだろうか。

2　時間の隔たり

距離、境界、隔たり、そしてそれを「跨ぐ」こと、それが主題であることを示唆する語りは、三葉の祖母・一葉の語りにはっきりと示されている。

作品の設定では、三葉の家は代々「神官」を務めてきた家系である。祖母もまた境界を跨ぐ能力をもち、彼女の母も祖母もまたそうであった。誰かが「私」の身体に入り、「私」もまた誰かの身体に入る、という夢を見続けてきた。

三葉の祖母・一葉は次のように三葉と彼女の妹・四葉に語りかける。

「結びとは、糸をつなぐこと、人をつなぐこと。時間が流れることも、ぜんぶ神様の力や。……われわれがつくる組紐も神様の技、時間の流れそのものを表している。」

「土地の氏神様を、「結び」と呼んでいるんやさ。それには深い意味がある。寄り集まってかたちをつくり、ねじれて、からまって、時にはもどったり、とぎれ、それが「結び」。それが時間。」

過去から現在へ、現在から未来へ、という時間の流れはけっして一様ではない。現在が未来に結びつくことは容易に想像できるだろうが、過去の記憶を想起しながら生きるように、現在が過去と結びつき、一方で将来の希望を胸に生きるように、未来が現在と結びつく、そうした多様な時間の「ねじれ」や「からまり」がある。

しかし、それだけではないはずだ。

過去が現在を引き寄せること、過去が現在と結びつく、そうした時間の「ねじれ」や「からまり」もある。

「現在が過去と結びつく」とは、前述のように、過去の記憶を想起しながら生きることを意味する。ここではそう定義しよう。それに対して、「過去が現在に結びつく」とは、「現在が過去と結びつく」とは逆のベクトルを指示する。つまり、現在が過去に吸い寄せられ、現在が過去に吸引されていくことを意味する。

ここで、誤解を恐れずに、この過去と現在のかかわりの、二つの異なるありようを象徴的に、前者を「生者が死者とともに生きること」、後者を「死者が生者として生きること」であると表現しておこう。

「過去が現在と結びつく」とは「死者が生者として生きること」、言い換えれば「死者が生者として生きることを〈信じること〉」、そのリアリティを信じることだ。

これもまた、容易には信じがたい。死者が生者として生きることなど、容易に信じることなどできないはずだ。神話や古代から言い伝えられた伝承の世界ならいざしらず、「死者が生者となって生きること」など、迷信にすぎない。誰もがそう思うだろう。しかし、本当にそう言い切ってよいのだろうか。


いずれにしても、この時間のねじれ、いくつもの時間の層がからまること、それが「結び」なのだと祖母・一葉は述べるのである。

3 異なる時間の重なり、界面の誕生

この複数の時間が結びつくとき、複数の時間が接触して界面を作り出すときが、一瞬、生まれる。この作品の中では、三葉が通う学校の教師が、その一瞬の、「内」と「外」、「過去」と「現在」という境界が交わる界面(interface)を、「たそがれどき=誰そ彼=彼誰れ」であると教えるだろう。

Xプラス三年を生きる瀧がX年に生きる三葉の身体に入り、X年に生きる三葉がXプラス三年を生きる瀧の身体に入る。それは、たがいに、時間を跨ぎ、越境して、互いに他者を生きることを意味するとはいえ、時間のズレはそのまま維持されている。

その時間のズレが、一瞬だけ、溶解し、界面が現れるシーンがある。三葉の身体に入り込んだ瀧が「彗星が落下して町が全滅する」と皆に呼びかけ、ふと三葉がご神体のある山にいると直感して自転車で山に向かう一方で、Xプラス三年の瀧の身体に入り込んだ三葉が山の頂上で、彗星が落下した後の糸守を凝視して、「町がない、私は死んだの！」と叫ぶ場面である。その直後、山の上で、X年にいる瀧とX年プラス三年にいる三葉は出合う。X年とXプラス三年が出合うときである。二人は、お互いにその身体を視覚的に確認することはできない。だが、三葉と瀧は、互いに触覚的な知とでもいうべきものに導かれて、互いの存在を感受するのである（ただ、作品では、一瞬、二人がともにX年に生きるシーン＝湖がまだ円形をなしているシーンが描写されている）。

繰り返し指摘したように、この作品には、映像においても、登場人物の語りにおいても、隔たり、境界、距離が主題化され、その隔たりを超えること、越境すること、がテーマ化されていることが理解できるだろう。そのなかでももっとも重要な隔たりが、時間の隔たりであり、その異なる時間をつなぐこと、おり合わせること、であることを論証した。

しかし、この主題のなかで、もう一つ看過してはならない重要な隔たりがある。それは、どんな隔たりなのか？

4　「あの世」と「この世」、死者と生者の界面

祖母の一葉は、三葉の身体に入った瀧と四葉を連れて、神社のご神体がある場所に向かう。それは、数千年前にこの町に彗星が落下したことで山の頂上に形成されたカルデラの中心に位置する小島の洞穴にある。

そこに行くとき、祖母は、「向こうは、あの世、なのだ」という。妹の四葉は嬉しそうに湿地帯の小さな川の中に置かれた大きな石をぴょんぴょん飛び跳ねながら「あの世」へと足を運ぶ。祖母・一葉と三葉は四葉にしたがって「異界」に入り、「宮水」をご神体にささげる。

もう一つの境界とは、死者と生者、「あの世」と「この世」との境界にほかならない。そして、そして三人は、この境界を跨ぐのだ。

この作品の核心を解き明かすためにも、「あの世」と「この世」という境界が、時間の隔たりとも密接にかかわりながら、どうこの作品で描かれているか、詳しく論ずる必要がある。

最初に「あの世」が登場するのは、前述のように、Xプラス三年の瀧が高校生とのときに、彗星が落下する数日前の、X年の三葉の身体と入れ替わり、一葉と四葉の三人で「あの世」に置かれたご神体に行ったときである。

夢とも、現実とも、区別できない奇妙な経験をした翌朝、瀧はなぜか涙を流してしまう。その日、三葉が書き込んだケータイメールを見た瀧は、糸守の記憶をかすかに遺したまま、奥寺先輩とのデートに向かい、展覧会の会場に展示されていた糸守の写真を見て、記憶をたどりなおしていく。そして、瀧は、「あの世」に行った記憶をたどり、絵を描き、自ら絵に描かれた場所を探しに糸守に向かうことになる。

ようやく糸守を探し当てた瀧は、そこではじめて、三年前のX年（二〇一三年一〇月四日）に地球に最接近した彗星が細かく分解し、隕石となった一部が糸守に落下して、多数の死者を出したことを知る。そして、三年前に、三葉の書いたメールに「今日は、彗星がもっともよく見える」と書かれていたことを思い出し、時間が三年ズレていたことをようやくその時理解するのだ。

瀧は、糸守で一日を過ごし、彗星が落下して糸守が壊滅したことを知ったその日の夜、夢の中で呼びかける三葉の「瀧君、覚えていない？」という声に誘われ、次の日の早朝、一度見たご神体のある場所に向かう。そして、現実に、ご神体があることを確認する。これが「あの世」が登場する二回目のシーンである。

そこで、瀧は「宮水」を飲み、時空を超えて、三葉が幼い頃や三葉の母が亡くなり父が家を出ることになった時空間へと越境し、ふたたびX年の三葉へと入れ替わるのである。

そして、前述した、X年とX年プラス三年という時間のズレが溶解し、界面が現れるシーンへと場面は接続していく。

ここで留意すべきなのは、この入れ替わりが、これまでの入れ替わりとは異質な出来事であることだ。それまでは、三葉も、瀧も、いつ入れ替わるのか、まったく予測できないまま、偶然に、入れ替わっていた。しかし、この場面は、瀧が自ら「時間が戻るなら……」という強い思いに導かれて起きる出来事であるからだ。

言い換えよう。瀧は、糸守が壊滅した過去を知って――それは、前述したように、「現在が過去と結びつく」＝「現在が過去を引き寄せること」である――、今後は、逆に自ら過去へ向かうこと――それは、「過去が現在と結びつく」＝「過去が現在を引き寄せること」である――、自らを過去に差し向けることにしたということだ。

そのことは、前項で述べたことでもある。

ふたたび、その点に言及するなら、糸守の過去を知ることで、瀧は「死者を思い、死者を想起すること」「死者と共に生きること」へと一歩踏み出した、ということを意味する。すでに三年前のことなどすっかり忘れていた瀧が、はじめて、あの災害を思い起こし、そこで亡くなった人を想起したのである。

そして、それのみならず、さらに瀧は「死者にふたたび生を付与し、死者が生者として生きること」へと一歩踏み出したのだ。「生きたい」と思い続けたであろう死者の生を、そのまま自身の生に背負うこと、生と死を入れ替えるという途方もない行為へと突き進んだのだ。この場面をそのように考えてみることはできないだろうか。

そこには言葉では言い表すことなどできない、深い悲しみと深い祈りがある。

死者の記憶をたどり、思い起こし、「死者とともに生きる」こと。そのこと以上の、深い悲しみと深い祈りが、「死者を生きる」という事態に流れている。

「生者が死者を生きる」「死者が生者を生きる」というパラドックス、まさに「ねじれ」のなかに立ち入ることを意味する。瀧は、通常ではありえないと思える行為を遂行したのである。

しかし、ふっと、ここで考えてみたいのだ。

瀧にかぎらず、家族や友人を亡くした多くの人たちが、そして「私」も「あなた」も、「死者が生きる」日常を送っているのではないか、と。

すでに前述したように、「私」が「他者」として生き、「他者」が「私」を生きることなど、不可能なことのように思える。しかし、もしかすると、私たちも、「私」が「死者＝他者」を生きる、「他者＝死者」が「私」を生きる、そうした不可能と思えることがらを遂行しているのではないか、とこの作品は訴えているのではないだろうか。

瀧の、「三葉を生かしたい」「糸守を守りたい」という思いは叶えられたのだろうか。

三葉は死んだのだろうか。それともX年プラス三年後でも生き続けているのだろうか。

その謎は、謎として、誰にも解き明かすことなどできないまま、ポンと私たちの前に投げ出されているのかもしれない。生か、死か、そうした近代的な思考枠組みにとらわれたままの二者択一を無効にすることこそがこの作品の核心なのではないか、とも思えるからである。生と死の入れ替わり、生と死の重なりこそが最も重要な主題であり、これが『弔い』のもっとも深い地層に存在することを指し示したかったのではないか、と。

5 〈3・11〉の記憶の喪失に抗して——『君の名は。』はわれわれに何を届けたのか

この作品に一貫して流れるもう一つのモチーフは、記憶のはかなさ、である。人は忘れてしまう。瀧が、彗星が夜空を飛ぶ美しさを忘れなかった一方で、彗星が落下して甚大な被害が出たことを三年しか経過していないにもかかわらず、すっかり忘却していたように。夢のなかの出来事を時間が過ぎればすっかり忘れるように。

瀧が「お前が世界のどこにいても会いにいく」と叫び、「君の名は三葉、覚えている」と叫んだその数分後には「お前は誰なんだ。どうして俺はここにいるんだ」と叫ぶように。三葉が「瀧君、瀧君」と叫び走りつづけながらも、つまずきふと我に返ったときにはその名前を忘れているように。瀧が叫ぶ「大事な人、忘れたくない人、忘れてはならない人」であったとしても、人はその名前を忘れてしまう。忘却が構造的に強いられているなかでは、なおさらだ。

しかし、その忘却に抗する手掛かりがないわけではない。それは。「君の名は」と問うことである。「君の名は」という問いが続けられ、「君の名は」と呼びかける人間がいるかぎり、忘却しては

いないのだ、ということである。数えきれない多くの人が亡くなり、ひとり一人の名前など覚えきれず、時間の経過にそって忘れてしまうことがあっても、「君の名は」という問いが続けられるかぎり、忘却してはいないのだということ、を。

「君の名は」という問いの言葉があるかぎり、生者は死者とともに生き、死者は生者として生きつづけることができる。『君の名は。』というこの作品は、われわれにそう叫び続けている。そこに私は、〈3・11〉以降の深い悲しみと、それでも生きようとする生者と死者に差し込まれる「一筋の光」を感じるのだ。

Ⅳ　記憶の責任、正義の脱構築

ドイツから見た〈3・11〉以降の女性労働政策

西山崇宏

序論——共振性

東日本大震災と福島原発事故がもたらした衝撃は、メディアを介し世界に伝達され、異なる場所で、異なる歴史を持つドイツにおいても大きな変革をもたらす契機となった。福島第一原子力発電所事故の二五年前、チェルノブイリ原子力発電所事故の脅威を体験したドイツは二〇一一年三月一一日、東日本大震災の情報を得るとすぐに、連邦環境省内に危機管理局を設置。一・ドイツ国民に正しい情報を伝える、二・放射能で汚染された食品や商品を輸入しない、を公約に掲げ情報を発信した（BMUB 2016）。

そしてその三日後（三月一四日）、連邦政府は原子力発電所を持つ五州の州首相と緊急会議を開き、国内に設置された全一七基の原子力発電所を、整備・点検のために三か月間停止するという「アトム・モラトリアム」を決議。整備点検並びに安全分析は、公益有限事業会社、Global Research for Safety（GRS）に委託し、全一七基のうち最も古い七基と、二〇〇九年七月、変圧器火災のために既に緊急停止していたハンブルグ近郊の一基、計八基の即時廃炉を取り決めた。

二〇一一年四月上旬、連邦政府は「安全なエネルギー供給に関する倫理委員会」を設置。二〇一一年五月三〇日にはGRSが鑑定書を提出し、ドイツの原子力発電所は現在、安全性において全く問題は見当たらないが、将来起こり得る事故の可能性を想定すると、一〇年以内に工業用電力と家庭用電力から原子力発電供給を完全に取り除くべきであろうとの見解を示し、今までの原子力発電量は再生可能エネルギー源によっても完全に代替可能であると評価した。

二〇一一年六月三〇日、連邦議会はGRSと原子力倫理委員会の報告を受け、二〇一〇年一〇月に決議された項目、「原子力発電所稼働を最長二〇三六年まで延長稼働する」を、「ドイツにある一七基全ての原子力発電所を二〇二二年までに廃炉にする」と改める、第一三次原子力法改正法法案を、大多数の賛成を持って票決し、同年八月六日に施行した。広島に原子力爆弾が投下された八月六日を改正原子力法の施行日に選んだのは、ドイツの過去の克服を重んじる「想起の文化」が政治にも浸透しているからであろう。

さらに、二〇一七年一月に法案として提出された「原子力廃棄処理資金調達のための基金設立に関する法律」、通称「廃棄処理基金法」が同年六月一六日に議決、施行され、その第七条第二項に基づき、ドイツの原子力発電所を保有する電力会社四社が七月一日付けで二四〇億ユーロ（約三・一兆円）を廃炉費用のために国へ支払うこととなった。七月一日は核兵器の不拡散に関する条約（核拡散防止条約）が一九六八年、最初の六二か国で調印された日である。しかし、二〇一七年七月一日は土曜日で、銀行の営業日ではなく、実際には二日後の月曜日、七月三日に支払われたが、核拡散防止条約が調印された日をわざわざ納金日にしたのも偶然ではない。しかし、廃炉のための費用については緑の党などから、その見積もりが少なすぎると批判がでている。廃炉費用は二〇一四年の物価を基準に割り出され、およそ四八〇億ユーロかかるとされたが、二〇九九年までの物価上昇率を含めて推算するとおよそ一七〇〇億ユーロに膨れ上がるという。

東日本大震災の二か月後、私も、あるケルンの作家グループに依頼され、「核命題：目に見えないものとの対決」と題し、大震災の状況、フクシマ原発事故の被害状況、人為的な事故と自然災害の違い、日本とドイツにおけるフクシマ災害報道の錯綜状況について報告する機会を頂いた。その三か月後の九月三〇日、同じくケルンの劇場にて、東日本大震災による福島原発事故をモチーフとした演劇『光が無い』（“Kein Licht”）が上演された。二〇〇四年にノーベル文学賞を受賞したオーストリア人の舞台作家、エルフリーデ・イェリネクの原作で、カリン・バイヤーの演出による演劇である。

演劇は次のようなキャッチコピーではじまる。（Jelinek 2011 著者訳）

海水が陸に押し寄せて来た。

凄まじい津波が全てを飲み込んでしまった。
電力が途絶えた。設備が壊れたのだろうか、自動停止したのだろうか。
後はただ、耳鳴りがするような静けさが、世界を包み込む。
その静けさは、人々の聴覚を破壊し、
まるで難聴にでも集団感染してしまったかのようだ。
何かが根本から変わってしまった。
だが、何が変わったのだ?
人間のために人間が創りだしたものが、人間に牙をむく。
そして、かつて人々に優しく降り注いでいた光は、
今、真髄から青い閃光を放ちながら人々に襲い掛かる……

イェリネクは社会の不正義や不公正に対し、アイロニーやサーカズムを用い批判的芸術作品を手掛ける舞台作家である。『光が無い』は二〇一二年一一月に第二部が付け加えられ『光が無い――エピローグ?』として発表された。そして二〇一五年七月、『光が無い――プロローグ?』を発表。人間の技術が産んだ装置を、人間が制御することができなくなるという恐ろしい矛盾を演劇で表現し、月日が経つに連れ、「エピローグ?」から「プロローグ?」へと逆行しているところが福島第一原子力発電所事故の現状を的確に言い当てている。このように東日本大震災は、

ドイツのエネルギー政策・リスク管理、社会・日常生活での原発に関する認識にも大きな影響を与えたのである。

そして日本に視点を移すと、東日本大震災のおよそ一か月後の四月一四日、政府は東日本大震災復興構想会議第一回を開催し、同年六月二四日には「東日本大震災復興基本法」(平成二三年法律第七六号)を公布・施行。復興の基本方針が提示され、同年一二月には復興設置法が成立、翌二〇一二年に復興庁が発足した。

二〇一二年半ばには、日本にある全五七基の発電所は停止し、七月には再生可能エネルギー発電の支援策として固定価格買い取り制度が導入された(ドイツは一九九〇年に導入)。しかし、二〇一二年一〇月、自民党に政権が移ると、フクシマ原発事故収拾の目処がつかないまま、民間からの様々な反対運動を無視し、原子力規制委員会の定める規制基準に適合しているとみなされる原子力発電所の逐次再稼働が協議される。

復興庁は平成三二年までの一〇年間を復興期間と定め、平成二八年までの五か年は「集中復興期間」、そして平成二八年度から平成三二年までを「復興・創生期間」と名付け、被災地復興のための諸制度を制定し、復興に務めた。しかし集中復興期間が終了した二〇一六年度もいまだに一八万人の住民が避難しており、そのうち六万二千人は現在でも仮設住宅で暮らしているという状況である(坪井 2016: 7)。また、縦割り行政が社会行為体としての自治体の活動を制限し、自治体からの復興計画が採用されるまでにかなりの時間がかかるとともに、ひとつの復興関連事項にふたつの行政が絡んだりするため、同時進行させた方が良い建築・土木分野でも単発で行われ、合理的且つ迅速な復興が推進されにくいという構造的問題も指摘されている（坪井 2016: 9）。

政府は更に「日本創生」というスローガンを掲げ、アベノミクスと名付けられた三つの経済政策、一．金融政策によるデフレ脱却戦略、二．機動的な財政政策、三．民間投資を喚起する成長戦略、を推し進める。その具体的施策をまとめた「日本再興戦略」（総務省 2013）には、国内のエネルギー産業を育て、世界市場を獲得すると意気込みが述べられており、また、安価で安定的なエネルギー供給を実現させるために規制基準に適合する原子力発電所の再稼働を推進する、としている（総務省 2013: 15）。政府は原子力発電所の輸出を推奨し、また、原子力規制委員会は規制基準に達しているとのことで二〇一五年八月一一日に九州電力の川内原子力発電所一号機を再稼働。二〇一六年八月一二日には四国電力の伊方原子力発電所三号機を再稼働し、現時点では、世界最大の原子力発電所である柏崎刈羽原子力発電所六号、七号基が規制基準に適合していると判断され、その再稼働が検討されている。東電は福島第一原発事故の諸問題が未解決であるにも関わらず、原子力発電所の安全を宣伝する広告を発表し、「安全神話」の再構築に躍起になっており、そこには住民の真の安全を求める声や、今も苦しむ福島原発事故の犠牲者との繋がりは全くみられない（伊藤：『朝日新聞』2016.4.6 朝刊）。

1　問題の所在

森岡のジェンダー差異研究「日本の福島原発事故による放射能が及ぼすリスク認知」によれば認識にも個人差、性別差、ジェンダー間差があるという。放射能が健康に及ぼす危険に対する認知は女性、特に母親において大きな懸念として認識されるのに対し、多くの男性は関心を示さないという傾向がある。実質コスト並びにリスクが高い原子力発電所を、それでも稼働するという問題は、男性のリスク認知の特殊性に起因しており、男性が国家の経済を推進する役目を担っているという自負が根底にあるためだという。国家に構築された経済利益を優先志向する男性性が、国家リスク管理に影響を及ぼしているという。一国の経済を担っているという自負が、利益増加を短期的にでも可能にするのであれば、その一国の社会・文化、更に人命までも危険に晒すことが良いとする風潮があると分析。森岡は、そのような認識がある種の「知の枠組み」として日本社会の中で構築されていると論述する（Morioka 2014: 111）。

二〇一三年から政府により毎年改良提示される「日本再興戦略」にも、そのような「知の枠組み」が背景にあり、諸制度を規定しているのではないだろうか。例えば、この経済・社会改革方針の中で、二〇一三年から一貫して提示されている施策がある。それは、『女性が輝く社会』、『輝く女性』政策である。「日本再興戦略」が初めて発表された二〇一三年度版では「これまで活かしきれていなかった我が国最大の潜在力である『女性の力』を最大限発揮できるようにする」と、女性労働力の最大限の搾取を率直に標榜し（総務省 2013: 4）、二〇一四年度版では、「我が国最大の潜在力である女性の力を最大限発揮し、『女性が輝く社会』を実現する」と表明。具体的には「待機児童ゼロ」の実現、「二〇二〇年に指導的地位に占める女性の割合 三〇％」の実現、「女性活躍応援プラン」等の実施のための環境整備を掲げている（総務省 2014: 44-45）。

二〇一五年度版では、女性の活躍を推進するという経済政策の他に、「輝く女性の暮らしの質の向上」のためとし、「快適・清潔・安全なトイレの好事例を発信しトイレの質の向上に向けた機運を醸成するとともに、国際標準化、訪日外国人向けPR等により、我が国の優れた温水洗浄便座、擬音装置付き節水型トイレの海外市場獲得を目指す。」と、トイレの質の向上が「輝く女性」と同質の課題のように目標化され、世界市場進出へのマーケティング戦略として位置づけられている（総務省 2015: 78）。しかし、トイレが清潔であれと思うのは女性だけではなく男性も同じであると同時に、トイレの清潔さを保つことが女性の領域であるかのような印象を与えることは、空間を越え、国境を越え、大震災を契機に共振的に歩み続ける、日本とドイツの社会と人々の思考の変化の中で、どのように評価されるのであろうか。

また、日本政府が掲げる「輝く女性」という言葉の背景にあるものは何であろうか。そして、反意である「輝かない女性」とはどのような状況の女性について語っているのだろうか。「輝く女性」とは何を意味しているのだろうか。東日本大震災以降、その言葉にはどのような政治権力、国家装置、技術戦略性との関連性があるだろうか。女性労働の何をどう変えようとし、なぜ変わらなければならないのだろうか。そもそも、〈3・11〉以降の女性労働政策はいわゆる社会「正義」に適っているのだろうか。

これらの問いに答えるため、まず、女性労働が近代化過程においてどのような役割を担っていたか、またどのような役割を担わされ、工業資本主義生産プロセスに組み込まれていったのかを分析する。そして、現代の女性労働政策の特質と、「正義」並びに「公正性」の概念を分析し、政府が掲げる「輝く女性」政策を再考する。

2　近代化とともに制度化された女性労働

家計補助的労働の定着

機織産業が効率化を追求し、水力や蒸気機関を利用した機械を発明したイギリスとは違い、日本は近代化並びに工業化の始まりが遅く、産業社会学ではいわゆる「late comer」に分類される。その特徴は、既に工業化した地域、国々の諸制度を「模倣」しながら政府主導で資本集約度の高い重工業から順に工業化されていくことにある。失敗や成功を重ねる試行錯誤の結果の産業革命ではなく成功例を「模倣」するので、摸倣能力が備わっている場合、その進展速度は比較的速い。日本は徳川末期から、フランスの技術を取り入れた軍工廠の造船業並びに製鉄業から工業化が始まり、その後、一八八〇年代に、イギリスから輸入した機織機械を中心に綿紡績業と製糸業の工業化が進展し、綿紡績業は機械と綿花を欧米から輸入しながら機械制大工業として急速に発展した。マッチ、ゴム、石鹸製造業などの日常生活品を生産する化学工業においても西洋技術の導入による工業化と近代化が推し進められていった。

そのような模倣による急速な近代化・工業化には、それを担う労働力が必要であり、特に近代化当初、資本主義生産化が進みつつあった軽工業において、安価な労働者を農村から募るようになった。一八八〇年代にはまだおよそ八〇％の労働人口が第一次産業部門に集中しており、工業資本主義化への改革に向け、財源を安定させたい明治政府は、地租改正（一八七三年）を導入。そのため、労働人口の大部分である小作農民への課税が厳しくなるとともに、貧困化する小作農民が増え、農作業を十分に手伝えない少女、女性が家計補助のために、労働力需給が逼迫していた軽工業の工場に出稼ぎとして駆りだされたのである。

一八八〇年頃からの工業化黎明期には、紡績業の女子労働者の九〇％は農村からの出稼ぎとして工場へ送り出された小作人や貧農の子女であった。全労働者の六〇％以上が女性労働者であり、女性は安価な労働力として資本主義生産制に編入されていった。女性労働者の労働環境は劣悪で、平均労働時間は一日一三時間〜一四時間、長い時には一七時間から一八時間にも及んだ。女性労働者には女児も多く、特に紡績工業、製糸工業においては二〇世紀初頭でもおよそ二〇％の労働者が一四歳未満の女児で構成されていた（隅谷 1985: 29-30）。公文書では工業労働者は年齢一三歳から雇うことが可能と記されているが、実際は九歳から一〇歳ほどの幼女も工女として織物工場などで働いていたのである。一〇歳以下の幼女といえども一日一二時間から一四時間そしてそれ以上働くこともあった。貧しい小作農民や都市の貧民層の女性や少女が家計補助のために工場主に送られ、寄宿に寝泊まりし、寄宿女工として三年~五年の年季契約をする。例えば群馬県では、雇用時に三分の一の給与が支払われ、更に三分の一を年季中にそして、年季明けに残額が支払われようになっていた（隅谷 1955: 170）。そのため、女工が逃げ出したりした場合、契約違反としての罰金が科されるため、劣悪な条件に対しても両親は何の手段も講ずることができないという状況に置かれていたのである。

一九一一年に公布された工場法が一九一六年になりようやく施行され、一二歳未満の幼年労働者の使用が禁止された。しかし、工場法第二条の但し書きに、「既に一〇歳以上のものを引き続き執行せしめる場合はこの限りにあらず」と規定されているので、実際に採用禁止されたのは一〇歳未満の少女であったという（西成田 1985: 18）。また、日本の労働組合設立に貢献した高野房太郎は、彼の活動支援金を提供していたアメリカ労働総同盟会長への手紙に、大阪の製糸工場を見学した際に見た、二台のミュール紡績機を受け持つ九歳か一〇歳ほどの青白い顔をした幼年女子労働者の劣悪な労働環境が労働組合結成への切実な願いとなったと記している（高野 1997: 29）。

労働経済学者の隅谷によれば、賃労働の初形態は、上述のような出稼ぎ女工であるという。当時の紡績業で働く女性労働者の賃金は月四円でインドの紡績業で働く女性の月約八~九円よりも半分の賃金で働かせられ、日本の男性労働者との賃金格差は二〇世紀初頭においても三対一であった（隅谷 1984: 29-30，隅谷 1955: 166-167）。

一九一〇年頃には国主導で西洋から導入された造船技術がようやく世界水準に到達したが、一九三〇年代になるまで欧米の技術に頼らざるを得ず、工作機械を日本国内で生産する工業技術はまだ確立していなかった。そのため、日本の重工業製品の多くは輸入に依存し、軽工業の生糸輸出等によって得られた外貨をそれらの購入のために利用するという輸出入貿易の仕組みが築かれていたのである（中村 1985: 12）。つまり、日本において、軽工業、重工業ともに西洋並みの資本主義生産システムを確立することができたのは、女性そして幼女の労働力が最大限に搾取されていたからであると言える。

良妻賢母の定着

軽工業製品を輸出し、その売上げで重工業製品を購入するための外貨を蓄積する近代化政策は、地租改正のために生じた貧困化による女性（少女）の農村から工場への流動と労働力搾取がその土台となっていた。それに対し、地主層や、近代化とともに興隆した富裕層、新中間層の子女においては、教育の道が開かれていた。一八九〇年代になると第一次産業から第二次産業への移行が徐々に進み、尋常小学校への女子就学率も上昇した。

そして、穂積八束と梅謙次郎らの民法典論争の結果として一八九八年新たに制定された民法により、「家」制度が導入され、戸主・家父長の統率権限、家督相続、親族会議などが定められた。また、工業資本主義制度が定着化するとともに、高等女学校令が一八九九年施行され、女子教育の振興と賢母養成の必要性が提唱された。国策としての「良妻賢母」思想が推し進められたのである。

「良妻賢母」思想は近年の研究では日本の伝統的思想や儒教にその起源があるのではなく、近代化の模倣過程において、イギリスへ留学した中村正直が、イギリスの家庭を訪問した際、母親が子育てと家事に大きな役割を果たしていることを看取し、それが近代国家成立のためのひとつの大きな要因であると捉え、日本でも推奨するべきであるとしたことが発端であるという(落合2012: 12)。

このように、西洋起源である「良妻賢母」思想は明治初期における、それまで伝統的であった女子教育不要論を否定し、儒教的要素と融合しながら発展した。第一次世界大戦を契機に、重化学工業並びに兵器工業が興隆する中、「良妻賢母」は男女の役割を規定する標語となり、それが日本の伝統的思想として扱われるようになる。近代化の模倣過程で取り入れられた西洋のジェンダー思想が、儒教の伝統的「女訓」を否定しながら混ざり合い、女性が戦時期の生産活動を補助しながら家庭でも良い母であり、良い妻であるべきだ、という近代的性別分業観が定着した。国体思想の下、工業資本主義における労働生産性向上のため、女性労働が生産活動、再生産活動の両方において、制度化されていったのである。

しかし、工場での生産労働と家庭での再生産労働は、共に社会が存続していくために必要不可欠な要素であり、家庭での再生産なしには、労働力の確保は望めない。それら家庭で行われている再生産活動は社会の中で、生産システムに組み入れられ、「囲い込まれている」にも関わらず、無報酬なのである。このように、ものづくりである生産活動とその労働を可能にする再生産活動が相互補完的でありながら、そのコストが「外部化」されているのが資本主義生産システムの特徴である。「良妻賢母」政策は、このアウトソーシングを正当化し、女性労働の制度化を社会規範として定着させた。「良妻賢母」という女性の役割は、「家」制度とも相互補完性を保ちながら、教育を手段に人々の意識の中に内面化されていき、次第に女性からも支持される「母性的良妻賢母主義」へと発展したのである。

3　政策ツールによる女性の補助労働力化と再生産労働力化

一九世紀後半から二〇世紀初頭にかけて、日清・日露戦争と二回の大戦を推し進めた明治政府は、国体教育と良妻賢母教育が国家を構成する基盤と見做された「家」のために重要な役割を担うと判断した。そして、その後の一五年戦争（満州事変から太平洋戦争まで）で敗北した後も、社会に埋め込まれた「良妻賢母」思想、そして「家」制度は引き続き、日本の社会生活において重要な位置を占めている。

一八八七年に所得税が日本で初めて導入された後、一九二〇年、初めて扶養控除が導入された。しかし、配偶者はその控除の対象には入っていなかった。一九四〇年になると、ようやく配偶者が扶養控除の対象者として認められたが、それは戦時期の人口政策であり、女性の家庭での再生産活動、特に出産・育児を配偶者控除により促進させようとする政策ツールであったという（三木 2014: 140）。

一九六一年、扶養控除は年金制度から独立し、配偶者控除制度となった。配偶者に年一〇三万円以上の給与収入があれば、一四一万円まで段階的に税金控除が下がる仕組みが構築され、それ以上の給与収入があれば控除が完全になくなることとなった[1]。また、厚生年金制度の一九八五年改正により、年金の第三号被保険者制度が一九八六年施行され、これにより、第三号被保険者（第二号被保険者の配偶者）に一三〇万円以上の年収が見込まれると扶養認定を取り消されることとなった。このように、サラリーマンや公務員などの配偶者で、働きたい女性は、一三〇万円以上の収入があると保険料が増し、家計の実質所得が減少するとして、働きたくても十分に働けないという、女性の労働生活を規制する法制度が制定された。

そして日本経済は、一九五〇年から一九六〇年代にかけて、日本経済は年間一〇％から一五％の成長を続けた後、一九七〇年代のオイルショックに見舞われ、日本企業は、それを契機にコース別管理制度を導入した。女性は「一般職コース」に振り分けられ、事務、ファイリングなどの仕事に従事させられた。将来、管理職に従事することを期待された「総合職コース」とは明確に区別され、再生産活動というシャドーワークのアウトソーシング化が問題なく行われるよう、女子労働者には結婚後の早期退職が企業側からも望まれていたのである。

女性労働がそのように、業務遂行補助的な仕事に集中的に従事させられた中、不公正を修正するという大義で、雇用機会均等法が一九八六年成立した。しかし、同時に労働者派遣事業法[2]が一九八六年七月一日施行され、同年一〇月に更に三業種が追加。二〇一二年には一か月未満の日雇い派遣も行われるようになった。それら派遣可能業種の中で、特に女性の一般職業務として遂行された、事務用機器操作、ファイリング、建設物清掃、添乗業務などが、派遣女性労働者にとって変わったのである。

女性労働が雇用機会均等法により法的に平等化されると同時に、法的に女性を低賃金労働力層に引き止めるための法律が整備されたということである。社会学者の上野千鶴子は、それまで「一般職」という名称のもとに行われていた低賃金労働が非正規労働という低賃金労働に名称が変わっただけであると指摘する（上野 2014: 13）。このように、一九八六年の均等法で「一般職」という名称が使えなくなった代償として、労働者派遣法が制定され、女性は非正規雇用化され、サラリーマンや男性公務員の配偶者である場合は、配偶者控除制度、及び第三号被保険者制度等を適用し、収入に上限をかけることにより、労働意欲を抑制するインセンティブを作用させるという、女性の補助労働力化と再生産労働力化が、法制度により構築されたのである。均等法施行、労働者派遣事業法施行、第三号被保険者制度施行が同じ年に行われたことを考慮すると、これらは、三点セットであったことがわかる。

上野は、安倍政府が掲げる「輝く女性」政策を、女性の労働力化と呼ぶが、上述のように、女性の労働力化は、今に始まったことではない。資本主義の発展の中で、女性も男性も常に労働力化されており、両者の違いはそれが賃労働であるか、無報酬の再生産労働、或いは低賃金の非正規労働であるかにある。明治初期から中期にかけて構築された「良妻賢母」思想そして、軽工業での悽愴たる労働条件下での低賃金労働は女性の工業労働力化の原点である。労働力人口が激減している現在、労働力を外国人労働者に求めない政府は女性の再労働力化に躍起になっている。

政府が毎年更新する、「日本再興戦略」の二〇一四年版には、「女性の更なる活躍の場の拡大や海外人材の受入れの拡大を含めた《世界でトップレベルの雇用環境》をどう実現していくか」が今後の課題として提示されている（総務省 2014: 3）。しかし、「世界でトップレベルの雇用環境」は、どのように定義されているのであろうか。二〇一三年度版の『日本再興戦略』を見ると、「行き過ぎた雇用維持」から「失業なき労働移動」への政策転換、つまり、正規雇用から非正規雇用への移行が「世界でトップレベルの雇用環境」のひとつとポジショニングされている（総務省 2013: 5）。現在の正規雇用者には労基法による解雇規制があるので、この政策転換の影響を集中的に受ける者は、今後採用される非正規雇用者である。

非正規労働者の中で、女性は六〇%以上を占める。観光業では九〇%以上が非正規の女性労働者であり、その業務の種類に関わらず、企業内訓練がほとんど施されていない状況にある。確かに単純労働においては、上司や先輩が現場で教えるだけで業務遂行能力が備わるかもしれない。しかし、単純労働にあたっていても、予期できない未知の問題や故障が発生したり、接待においいて予期せぬ問題が発生したりと、その場限りでの対応では、その会社の存続にも関わる大問題に発展する可能性もある。

また、非正規雇用者は景気循環の雇用調整弁のひとつとして各産業で利用されているが、非正規雇用者には、企業内訓練がなされず、契約後、再び外部労働市場へ放り込まれると、また同じような単純労働に就くこととなる。中高年を越えると職を見つけることが非常に困難になり、歳を重ねるにつれ、「単純労働→失業→単純労働→失業」という負のスパイラルに閉じ込められてしまう。ドイツでも二〇〇四年のシュレーダー政権以来、日本と同じように労働力の外部労働市場化を推し進めているが、伝統的にベルーフ（天職）という概念が社会の諸制度（資格制度、労働協約、職業訓練法、社会保障制度、職務等）に浸透しており、同一労働同一賃金や、採用の際の基準となる資格により、労働力の移動が比較的安定して行われているドイツから見ると、日本政府の見よう見まねのようなネオ・リベラル化は、非常に危険な綱渡りのようである。

女性労働の非正規雇用化は女性の自立を目標とするのではなく、低賃金、単純労働、感情労働などの分野に安い労働力を留めさせるための施策なのではないかとも思われる。もし、本当に女性の自立や、「輝く」女性の社会づくりに努めたいのであれば、女性の職業能力開発、資格制度の汎用化、女性が働きやすい環境づくりに励むべきである。一日一四時間労働が昇格の条件であり、さらに、社会通念としての固定観念があり、再生産労働にも従事させられる女性には、仕事後の飲みニケーションで暗黙知を形式知へ変換させ、知のスパイラルを形成しようなどという会社生活はできない。現在、日本の人口が激減している中、近代化過程で「忘れ去られていた片方」(Beck 1986)を意識下に呼びもどし、公正な労働環境を整備していくことが正義に適っているのではないだろうか。そのため、その正義と公正という概念の理解を避けて通ることができない。

4　正義と公正

本稿の問題定義「〈3・11〉以降の女性労働政策は正義に適っているのか」、の問いに答えるためには、哲学者ジャック・デリダの正義への考察と、政治学者アイリス・ヤングの理論が分析のための手掛かりとなる。デリダは、これまでの自然法論、実定法論、道徳感情論や功利主義論、或いは社会契約論の観点とは違い、正義の本質自体を明らかにしようと試みる。一九八九年の基調講演『法の力』(Derrida 1994=1999)において、デリダはベンヤミンの『暴力批判論』(Benjamin 1965)で比較される法と暴力の論考を取り上げ、脱構築主義の視座から正義について分析した。デリダの方法論である脱構築とは、従来の価値や固定化された観念に問いをかけ、相対化し、複雑化し、動揺させ、そして、それらが様々なパラドクスを含むことを明らかにする作業のことである(Derrida 1994=1999: 17-18)。

ある社会制度や通念は、それが基礎付けされ、解釈し、変革することの可能なテキスト層を基底にしている限り、脱構築可能であるという(Derrida 1994=1999: 31)。デリダは、脱構築そのものは、ある無限の「正義」の理念に基づき作用するが、それは、脱構築がそれ以外のものに還元することができないからであるとする。つまり、それ以上、還元できない、破壊しえないものが正義であり（Derrida 1994＝1999: 63）、それゆえ、「脱構築そのものが正義である」と看破する（Derrida 1994＝1999: 34）。

デリダによれば、正義の脱構築はふたつのプロセスをたどる。ひとつは、無限の、計算的思考のない記憶に対する責任を持つという行為である。正義とは、見返りを求めず行うので、経済的な循環は生じない。すなわち、効率性や経済的合理性の追求を省く行為であると同時に、個人の心のそこから湧き出てくる、様々な矛盾を含む行為なのである（Derrida 1994＝1999: 63）。もうひとつは、その記憶の責任への責任を取るという行為である。上述の近代化における女性労働の資本主義への組み入れ、「良妻賢母」政策による国策への編入、法による女性労働（再生産労働）の制度化という歴史的経緯を考察すると、それら歴史事象への責任を持つことがまず脱構築の第一段階である。そして、それら記憶への責任とは何か、を検討し、実行することが、女性労働の諸問題を考察する際の脱構築プロセスになるといえる。

このようなデリダの正義の本質を定義しようとする試みとは異なり、より実践的な視点から「正義」を解明しようとする政治学者ヤングは、正義や公正を語るには、実際に行われている不正義や不公正を直視するべきであるとする。一九七〇年代から正義の議論を活発にした、ロールズの分配の平等を批判し、配分される資源の他に、次の五つの不公正を起こさないことが正義であり、平等であるという（Young 1996: 112-133）。

一、搾取：搾取は人間が保持する労働力の不公正な扱い方である。資本主義社会の中では、搾取が当然のこととして行われているが、搾取は特に女性労働に対して行われている。

二、周辺化：周辺化は抑圧であり、他人種や、他国籍の者、貧困者、老人等に向けて行われる行為である。周辺化された者は、社会生産活動から除外され、人間の尊厳を無くし、他の社会構成員との交流を失う。

三、権利の剥奪：権利の剥奪は資本主義社会の中で、例えば、非正規雇用者や職業訓練を受けることができなかった単純労働者に対し行われる不正である。非正規労働者は社内での決定事項への参加が制約され、正規労働者又は訓練を受け職業資格を持つ者の決定事項に従うしかない。自己決定権を持たないため、判断能力を持つことが許されない。

四、文化帝国主義：文化帝国主義とは社会に変革することが容易でない社会通念が存在し、それが搾取、周辺化、権限剥奪などの行為を正当化していることをいう。その文化は特に支配層により広められ、社会の常識、社会的規定となってその文化になじまないものを迫害し抑圧する。文化帝国主義に晒される者は、自分自身ではなく、他者から存在を規定され、他者から社会的行為を強制されるのである。そのため、他者の規定する自己が無意識のうちに内面化されることもある。

五、暴力：抑圧された者が抑圧する者からシステマティックに受ける行為が暴力である。文化帝国主義と暴力は連動しており、ひとつの文化の中で正しいと思われている暴力行為、例えば女性への暴力、は正当性を持って実行される。暴力は不公正の社会現象のひとつである。分配の公正を唱える正義論者（例えばジョン・ロールズ）はこのような暴力を不正義として指摘しない。

ヤングはこれらの不正義や不公正をなくすことが平等な社会を築くために必要であると説く。本稿が掲げる諸問題を分析するため重要であるのは、このデリダとヤングの正義・公正論である。確かに、正義と公正の思想的基盤は、それぞれの土地、それぞれの文化、それぞれの民族集団の思想史により様々であり、民族集団の中でも、正義の視座、概念、社会での浸透度と効力にも違いがある。日本には義という言葉が儒教における論語の中の五常（仁・義・礼・智・信）のひとつとして伝わった。正義とは人として守るべき正しい道であり、社会的行為が社会の基範に適っているという意味である。また、儒教によれば、世界は宇宙の法則によって決められており、その既成の運命は変更することができない。そして、それを保持するために正義が必要であり、公正がある。つまり、変革できない既存の天と地の法則、身分階級構造を正義・公正という概念で守るべきだとする「政治技法」なのである。儒教が伝来されてから、日本国内で様々な宗派が生まれたが、それら日本儒教において、その教えの中心となる概念は「忠孝」と「仁義」に集約され、正義とは、主に忠孝を行うことであり、仁義を行うことであるとされた（小野 2001:617）。しかし、女性労働の問題には、忠孝・仁義は正義として十分な役目を果たさない。

日本は近代化というプロセスにおいて、初めて工業化と資本主義生産、そして社会システムを導入したが、それまで西洋とは別の空間、時間的流れの中に存在し、独自の歴史を歩んでいた。「良妻賢母」も資本主義生産システムと補完性があり、効率的であると摸倣し、資本主義を支えるひとつの国策として広めた。しかし、その背景で正義・公正の本質に対しての討論が十分にされていなかったし、討論されるような社会が構築されていなかったのではないだろうか。以下、デリダとヤングの正義・公正論を念頭に、日本政府の掲げる「輝く女性」政策を再考察する。

5 〈3・11〉以降の女性労働政策

被災地の女性労働

竹信三恵子（竹信 2012）は二〇一二年のジェンダー研究に投稿した論文で、東日本震災後の女性被災者の社会・労働環境をアンケート調査をもとに明らかにしている。伝統的な役割分担の考え、そして、社会に浸透している男尊女卑の文化、女性労働は基本的に無償であるとする社会通念が、あまりにも「当然のこと」として受け止められていた。また、被災地では職探しが非常に困難で、他県では足元をみられ、低収入で不安定な職に就くことができても、職業能力開発訓練が整備され、自己啓発のサポートをしてくれるような会社は少なかった。以下、竹信が報告する女性被災者の被災後の労働環境である（竹信 2012：88-94）。

一、被災地からの女性は足元をみられ低賃金で雇われた。他県からの求人もあったが、「独身者の家政婦求む」など、悲惨な状況下にある女性を安価で利用しようとする人々が少なからずいた。

二、家や家族を失った女性が北海道や関東に移住した際、生活費を稼ぐために性産業に安価で雇われることが多かった。そのため、性産業全体で商品の平均価格が下がったという。

三、伝統的な役割分担が社会通念として生活基盤にあるため、多くの家庭で女性がケアワークの担い手になった。家庭内の無償労働を女性が担当しながら、非正規労働のような不安定な職につき生計を立てるしかなかった。

四、ケアワークを担いながら働く場合、ケアが必要な家族に「我々を放っておいて」と、非難されることが多かった。

五、男性の不満が暴力となり、それらのはけ口となる女性が少なからずいた。特に避難所では、（性）暴力を受けた女性が多かった。避難所では女性のみに炊事当番が割り当てられるという、伝統的な役割分担がみられた。

六、東日本大震災復興構想会議には女性委員が一人（脚本家の内館牧子）のみだった。

被災者にとって必要であるのは安定して働ける職場であって、不安定なその場限りでの職なのではない。しかし、今日の雇用政策を見ると、不安定職が増加するような政策が推し進められている。竹信は日本政府には「女性支援」という概念がないのではないかと問う。女性は家庭の無償労働者、ケアワーカーである、という社会的通念が、社会全体の構成員で白紙に戻されない限り、「輝く女性」政策は、女性の非正規労働力化と家庭での再生産労働力化を推進しているといえる。更に被災地の女性への周辺化が行われており、男性中心の社会通念つまり、ヤングが提示する文化帝国主義が、女性への暴力を正当化している。そこには、デリダが示す「それ以上脱構築不可能な正義・公正」が存在する余地はない。

東日本大震災で多くの方々を失い、多くの女性労働が無償のケアワークに従事させられる中、政府は日本の労働力人口の減少に大きな危惧を持ち始め、二〇一四年に「人口減少問題検討分科会」を日本創生会議のもとに設置した。その政府に設置された新しい機関は、このまま一極集中が続き、地方人口が減少し続ければどの都市がいつまでに消滅するかを示す「消滅可能性都市」を発表し、地方消滅に関する問題定義をした（増田 2015: 23）。

翌年、ＯＥＣＤから発表された対日審査報告書は「人口減少問題検討分科会」の予測を裏打ちし、日本の生産年齢人口が年一〇〇万人以上減少しており、二〇五〇年までには四〇％の労働力人口が減少すると報告。労働力人口が減少し、高齢化社会になると、社会保障制度、年金制度等の所得の分配による福祉制度への大きな影響が予想される。日本のそのような状況を考慮すると、女性が働く環境を早急に整備し、「男女平等の推進が必要である」と、ＯＥＣＤは強く提案している（OECD 2015: 3）。

政府の人口減少への焦燥感は「日本再興戦略」にも明らかに見て取ることができる。移民を受け入れない姿勢を崩さない日本政府は、総人口の減少に伴う労働力人口の減少による経済規模縮小への対策として、女性労働力を最大限に利用することを明言している（総務省 2013: 9）。また、女性を労働社会に組み入れることが今後の経済政策の最大目標であり、それを達成するためには、あらゆる分野において女性が活躍し、男女の多様で柔軟な働き方が保証されていなければならないとし、労働生活に関しての意識の変革を推し進めるともしている（総務省 2016: 2）。

つまり、「輝く女性」政策は、世界で人口減少が最も激しい日本において、経済へのダメージを最小限に留めるためには、どのような施策が必要であろうかと考えた末の、生産人口維持政策のひとつなのである。さらに、クウォーター制の導入や、女性手帳の義務化（卵子は老化するので早めにお子様をというキャッチフレーズで）、待機児童解消宣言、三年抱っこし放題育休法案等が矢継ぎ早に提案されたが、今までなにも解決されていない。

それら日本政府の掲げる政策に対し、ドイツの新保守主義系新聞「Welt」は記事『キャリア設計――日本の優秀な女性は台所へ逃亡する』（“Karriere: Japans Top-Frauen flüchten an den Herd”）を報道し、日本の労働環境（長時間労働・飲みニケーション等）が、女性が働くようなシステムではないこと、そのため、優秀な女性も結局は出世ができないようにできている、と女性が活躍しにくい日本の構造的問題を提示した。さらに、日本独特の保守的な女性像・家庭内での役割分担像に関し二〇一二年政府が行った調査によれば被験者の五一・六％が「女性は結婚した後は家庭にいるべきである」との見解を持つという結果を示し、東日本大震災以前の同調査と比べ、一〇％近くも増加していることを指摘。男性の女性に対する要望や理想像だけではなく、多くの女性も「専業主婦」に落ち着きたいという願望があり、女性は三〇歳までには結婚をし、企業社会から距離を取りたいという女性が多いと分析する（Blaschke: "Die Welt" 2013.10.27）。

また、保守リベラル系のフランクフルター・アルゲマイネ新聞（FAZ）は、安倍政権の掲げる成長戦略を取り上げ『アベノミクス：これからは女性が日本を修復しなければならないようだ』（"Abenomix: In Japan sollen's jetzt die Frauen richten"）というタイトルで、外国人労働者を受け入れない日本が労働人口減少対策のひとつとして女性の活躍を促しているという記事を発表した。FAZは安倍政権が「ニイマルニイマルサンマル」（二〇二〇年までに女性管理職の割合を三〇％に引き上げる。）という目標を掲げ、女性を成長戦略のひとつの柱であると位置づけたことを伝えたが、二〇一三年時点で四〇万人もの児童が保育施設への順番待ちとなっていることを鑑みると、現状はかなり厳しいだろうと指摘した（Germis: "FAZ" 2013.4.19）。

このようにドイツでも東日本震災後の日本の女性労働に関する情報がメディアを通して広まっており、ドイツから見た日本の女性像、女性を取り巻く日本の労働環境が報道されながら、正義・公正が日本の女性労働政策に全く見受けられない状況と、その日本へのイメージが固定化しつつある。

政策と現状の差異

世界経済フォーラム（World Economic Forum）が二〇〇六年から毎年行っているグローバル・ジェンダー・ギャップ調査によれば、二〇一七年、日本は一四四か国中、第一一四位で、男女間格差が特に大きい国との結果である。第一一三位のギニアと第一一五位のエチオピアに挟まれたポジションにある、いわゆる「先進国」日本の姿は異様でもある。二〇一五年と比較すると一〇一位から一三位下がり、二〇一三年から日本政府が掲げる、「女性が輝く社会」とは何であったのか、その理想と現実のギャップが大きい。

表　グローバルジェンダーギャップ調査順位（全144か国）

	日本	ドイツ
2006	79	5
2007	91	7
2008	98	11
2009	101	12
2010	94	13
2011	98	11
2012	101	13
2013	105	14
2014	104	12
2015	101	11
2016	111	13
2017	114	12

World Economic Forum 2017

この男女間格差調査の判断基準は、「男女間雇用格差・賃金格差」、「男女別政治参加度」、「男女別失業率」、「男女別NEETの割合」、「男女別非正規雇用の割合」であり、先進国であればあるほど、格差が少ないという傾向が見られる。ドイツも二〇一五年度から一位後退したが、それでも二〇一七年は一二位である。

日本の女性管理職比率を見ると、二〇一六年の帝国データバンクの調査で六・六％である。管理職に女性が一人もいない企業は全体の五〇％を占めた（帝国データバンク2016：有効回答企業数一万二八五社）。政府は、以前目標として掲げた「ニイマルニイマルサンマル」の達成は難しいと思ったのか、二〇一五年末に閣議決定した「第四次男女共同参画基本計画」では、二〇二〇年で女性管理職の割合を一五％にすると、目標を半分に設定しなおしたが、現状を鑑みると、目標達成は不可能である（男女共同参画基本計画 2015）。

ドイツの女性管理職比率は二〇一六年において、二九・五％で日本の四倍以上である。EU平均二三・九％よりも五、六ポイント高く、フランスの四一・二％と比べると一〇ポイント以上少ない。EU統計局が行った、男女賃金格差、労働時間格差、雇用形態格差、失業率等を総合した指標では、EU二八か国の中で、下から三番目に男女間格差が大きい国と分析されており、EU内の主要先進国と比較すると、比較的女性への差別が大きい国との印象を受けるが、それでも日本の状況と比較すると、その格差は少ない（European Union 2017: 25）。

イギリスMITの経済学者カトレーン・テーレンによれば、過去二〇年間において、日本は連帯を重視する資本主義型から完全競争を軸にするネオ・リベラル型資本主義へと変化したという（Theelen 2014: 7）。男女間格差順位が一〇年間、恒常的に下落している日本の現状を見ると、ネオ・リベラル化と男女間格差は相関関係にあるのではないかと思われるが、実証研究は少ない。しかし、日本のように入社二年目には管理職になる意欲が女性社員の中で激減する社会（初年度六四・七％から二年目四四・一％まで下落：独立行政法人「国立女性教育会館」二〇一七年発表資料）では何が問題なのか、根本的に考える必要がある。

毎日新聞の調査によれば、長時間働くことと、管理職になれる割合は比例しているという（『毎日新聞』2017.7.17デジタル版）。つまり、日本では長時間働ける人は、管理職にも就けるというシステムが構築されている。先に見たように、伝統的な男女間の役割分担が通念となっている日本社会では、女性が管理職に就くことは、家庭を持てば不可能である。このように、文化的要素の変化が乏しいため（上述のヤングは、文化帝国主義と表現するが）、その女性労働を取り巻く雇用環境が、均等法、改正派遣法、そして第三号被保険者制度の成立とともに悪化していく様子が見て取れる。

女性が働きにくい雇用環境が蔓延る男性中心の労働環境の中で、男性と同じ土俵で働く勝ち組の女性達は僅かに存在するが、女性が好んで仕事をしたいというシステムになってはいない。しかし、政府は「ニッポン一億総活躍プラン」を掲げ、男女ともに経済発展のために「活躍」することを求め、全労働力人口が、国の掲げる目標、つまり、経済発展を達成するべく一段となって努力していかなければならないとする規律を構築しているのだ。近年の女性社員の過労自殺、うつ病の増加などを鑑みると、政府の女性を輝かせようとする政治的目的が、実はその規律的特性のため、女性を大量に不幸にさせてしまうという逆説が内包されているのではないだろうか。

6　結論　女性が輝く社会とは

政府の「輝く女性」というスローガンは、女性労働が推奨されることによって今まで周辺化されていた女性を、非正規雇用という労働人口の中に組み入れることにより、「良妻賢母」という呪縛から解放しているように見せかけると同時に、社会で承認される「働く女性」という型の中に組み入れることで、女性が会社でも家庭でも輝きながら働かねばならない、という心の鎖に結びつける作用を持つ。女性が働きにくい社会がなかなか変化しない現状を鑑みると、女性が輝くという自己実現が達成されるのは、自己を完全に疎外し、男性社会に適合しながら働くことでしか達成できないのである。

上述のように、「輝く女性」と政府によって声高に推進されている事象と、実際に行われているものの間に大きな差異があるといえる。「輝く女性は」政府によって掲げられている女性像であるにもかかわらず、実際には当人たちは語っていないのである。「輝く女性」という言説は日本社会に定着し、それがひとつの「知の枠組み」となってこの時代に現れ、「輝かなければならない」という規律が、女性を管理するというメカニズムとなって働き出す。その管理社会の権力は、そこに住む人々の身体を統率し、資本主義のために生産する従順な製造機械として機能させることを目指している。それは、ヤングが非正義として説く、搾取、周辺化、権利の剥奪として現れ、それが「効率」を再優先する企業文化の中で正当性化され、そして最終的には「輝くべき女性」への暴力となって社会に反映されているのではないだろうか。

第一三次原子力法改正法が八月六日に施行され、ドイツが「忘却のメカニズム」(Itō 2016: 267) に真っ向から立ち向かっている時に、日本は日本再興戦略の「輝く女性」政策で、規律と管理のメカニズムを導入するという現実は皮肉である。現代日本の女性労働に関しても、実は同じような「忘却のメカニズム」が働いているのではないだろうか。その反面、政府の掲げる「輝く女性」政策は、それ自体、女性の労働力化と搾取を促す言説なのであるが、それが思いもよらず、女性労働の本質への関心を呼び、女性の社会における立場を考えるきっかけとなり、社会で語られ、人々の意識下に留まる契機となった。「輝く女性」が「輝かない女性」そして、「輝くべき女性」を同時に暗示し女性労働を管理する「からくり」を浮き彫りにしただけではなく、この政府の再興戦略が掲げる本来の目的は何であるかを深く掘り下げ、脱構築化し、その社会的、政治的、経済的要因を分析する良い機会となったのである。

デリダが述べるように、最終的にはそれ以上、脱構築できないものが正義であるならば、正義のある公正な社会とは、女性の持つ多様な自己実現の目標や願いが、努力をすればそのまま叶うような社会のことである。それは、過去の女性労働の搾取や女性労働の制度化を見直し反省することであり、女性が自己実現できる社会を築いていくことにある。市場と権力のテクノロジーが構築する「輝かされる女性」ではなく、「女性が自分で安心して自分の人生を設計することができる社会」を創ることが今後の課題である。いつか日本でも、「忘却のメカニズム」が、「想起のメカニズム」に変わる日が必ず来るはずであると、近年それほど遠くはないドイツから日本を想う。

注

1　二〇一七年度の税制改正により、配偶者控除の取扱いが変更され、控除対象額が年収一〇三万円から年収一五〇万円へと見直された（二〇一八年一月一日施行）。配偶者特別控除（合計所得金額千万円以下の給与所得者を対象）においては、年収一五〇万円から年収二〇一万円までを段階的な控除調整区間とした。しかし、一三〇万円を扶養者控除の上限とする第三号被保険者制度が未改正のままであり、また、扶養者が従業員五〇一人以上の企業で働く場合、年収一〇五万六千円を越えると社会保険加入義務が生じる為、今回の税制改正により、配偶者年収の上限が引き上げられたが、他の法制度がその効力を相殺している。

2　一九八六年：一三業種ソフトウェア開発、事務用機器操作、通訳・翻訳・速記、秘書、ファイリング、調査、財務処理、取引文書作成、デモンストレーション、添乗、建設物清掃、建築設備運転・点検・整備、案内・受付・駐車場管理等

参考文献

Beck, Ulrich, 1986, *Risikogesellschaft: Auf dem Weg in eine andere Moderne*, Frankfurt am Main: Suhrkamp.

Blaschke, Sonja, "Japans Top-Frauen flüchten an den Herd," *Die Welt*.（二〇一三年一〇月二七日取得、https://www.welt.de/121248367）

Derrida, Jacques, 1990, "Force de loi: Le fondement mystique de l'autorite," *Cardozo Law Review* 11(Issues 5-6), 920-1046.（=1999, 堅田研一訳『法の力』法政大学出版局）

European Union, 2017, "2017 Report on equality between women and men in the EU,"（二〇一七年一一月二八日取得、http://ec.europa.eu/newsroom/document.cfm?doc_id=43416）

Germis, Carsten, 2013, "In Japan sollen's jetzt die Frauen richten," FAZ,（二〇一三年四月一九日取得、http://www.faz.net/aktuell/wirtschaft/wirtschaftspolitik/abenomics-in-japan-sollen-s-jetzt-die-frauen-richten-12154919.

html)
Itō, Mamoru, 2016, "Die japanische Gesellschaft und Medienkultur nach dem 11. März 2011," *Orientierungen*, 28: 265-277.
Jelinek, Elfriede, 2011, "Kein Licht," Rowohlt Theaterverlag,（二〇一一年一〇月二六日取得、http://www.rowohlt-theaterverlag.de/stueck/Kein_Licht.2946810.html）
Morioka, Rika, 2014, "Gender difference in the health risk perception of radiation from Fukushima in Japan: The role of hegemonic masculinity," *Social Science & Medicine*, 107: 105-112.
OECD (Organisation for Economic Co-operation and Development), 2015, *Japan Policy Brief: Inequality*. OECD Better Policies Series.
Thelen Kathleen, 2014, *Varieties of Liberalization and the New Politics of Social Solidarity*, New York: Cambridge University Press.
World Economic Forum, 2017, "The Global Gender Gap Report 2017,"（二〇一八年二月二一日取得、http://www3.weforum.org/docs/WEF_GGGR_2017.pdf）
Young, Iris M., 1995, "Fünf Formen der Unterdrückung," Herlinde Pauer-Studer, Herta Nagl-Docekal eds., *Politische Theorie. Differenz und Lebensqualität*, Frankfurt am Main: Suhrkamp, 99-139.
BMUB (Bundesministeriums für Umwelt, Naturschutz, Bau und Reaktorsicherheit), 2016, "Die Entwicklungen in Deutschland nach der Reaktorkatastrophe in Japan,"（二〇一七年五月三日取得、http://www.bmub.bund.de/themen/atomenergie-strahlenschutz/nukleare-sicherheit/fukushima-folgemassnahmen/ueberblick/）
伊藤守 2016「広報、受け手との関係重要」『朝日新聞』2016.4.6 朝刊 24.
上野千鶴子 2014「安倍政権の女性施策は勘違いばかり——女性に不利な働き方のルールを変更せよ」『ジャーナリズム』朝日新聞社 12, 295: 6-14.

落合恵美子・赤枝香奈子編 2012『アジア女性と親密性の労働 変容する親密圏 公共圏2』京都大学学術出版会
小野進 2011「儒教の政治哲学における国家と正義（justice）（上）」岩田勝雄教授退任記念論文集、立命館經濟學、立命館大学 59(5): 603-635.
隅谷三喜男 1955『日本賃労働史論』東京大学出版会
隅谷三喜男 1985『技術革新と労使関係』日本労働協会
総務省 2013「日本再興戦略——Japan is Back」（二〇一三年一〇月二三日取得、http://www.kantei.go.jp/jp/headline/seicho_senryaku2013_plan1.html）
総務省 2014「日本再興戦略——未来への挑戦」（二〇一四年八月二二日取得、www.kantei.go.jp/jp/singi/keizaisaisei/pdf/honbun2JP.pdf）
総務省 2015「日本再興戦略改定 2015——未来への投資・生産性革命」（二〇一五年六月三〇日取得、http://www5.cao.go.jp/keizai-shimon/kaigi/minutes/2015/0630/shiryo_02-1.pdf）
総務省 2016 女性活躍加速のための重点方針 2016 すべての女性が輝く社会づくり本部、平成 二八年 五月二〇日発表
高野房太郎著 大島清・二村一夫編訳 1997『明治日本労働通信——労働組合の誕生』岩波書店
竹信三恵子 2012「震災とジェンダー『女性支援』という概念不在の日本社会とそれがもたらすもの」『ジェンダー研究』お茶の水女子大学ジェンダー研究センター 87-98
坪井ゆづる 2016「被災地で問う『この国は変わったのか』——ゆがみは露わだが、変化の兆しも」『ジャーナリズム』 朝日新聞社 2, 309: 6-13
帝国データバンク 2016「特別企画——女性登用に対する企業の意識調査」（二〇一七年八月二二日取得、https://www.tdb.co.jp/report/watching/press/pdf/p160804.pdf）
内閣府男女共同参画局 2015「男女共同参画基本計画 2015」（二〇一五年一二月二五日取得、http://www.faz.

net/aktuell/wirtschaft/wirtschaftspolitik/abenomics-in-japan-sollen-s-jetzt-die-frauen-richten-12154919.html)
中村政則編 1985『技術革新と女子労働 国連大学プロジェクト 日本の経験シリーズ』国際連合大学
西成田豊 1985『近代日本労資関係史の研究』東京大学出版会
増田寛 2014『地方消滅——東京一極集中が招く人口急減』中央公論新社
三木義一 2014「『配偶者控除』論争と女性の労働」『婦人之友』婦人之友社 7: 140-145

怒号の中で――路上のヘイトスピーチと反ヘイト・カウンター

浜 邦彦

社会がここまで壊れている。

在日コリアンや外国籍住民、生活困窮者や障がい者、LGBTなどのマイノリティを標的に、差別や排除を煽り立てるヘイトスピーチが、ネットで、路上で、テレビで、議会の中にまで、いたるところで吹き荒れている。

なぜ、いつから、このような光景が、この社会の「当たり前」になってしまったのか。

私が路上でのヘイトスピーチに抗議する行動に参加するようになったのは、二〇一三年の新大久保からである。専門家でもなければ、大学教員としてでもなく、あくまで一市民として、やむにやまれぬ思いで抗議に加わっていた。私を動かしていたのは職業倫理でもなければ理論でもなく、あえて言うなら心情だけだ。この文章を書かせているのも、あるいはそれだけなのかもしれない。私の観察は断片的なものであり、その限られた知見が中心になっていることをお断りしておかなければならない。

「行動する保守」

私が「在特会」の名前をはじめて報道で知ったのは、二〇〇九年四月に埼玉県蕨市で行われたデモの記事と動画だった。滞在資格を持たないまま働いていたフィリピン人の家族が退去強制命令を受け、在留特別許可を申請したものの、中学生の娘ひとりにしか認められなかったことが報じられた。メディアはおおむね政府の決定に批判的だったが、まったく正反対の受け取り方をした人々がいた。かれらは「在日特権を許さない市民の会」を名乗り、一家の住む蕨市で「犯罪外国人・犯罪助長メディアを許さない国民大行進」なるデモを行い、日の丸を林立させて「犯罪フィリピン人、カルデロン一家を叩き出せ！」と叫んだ。デモコースは、わざわざ娘の通う中学校前を通るものだった。フィリピン大使館前では、「カルデロン一家！　あなた方は日本社会の被害者ではない、加害者だ！」といったプラカードが掲げられた。「被害者面をした犯罪者にだまされるな」というのである。

私は衝撃を受けた。日本政府の入管政策の非人道なまでの不寛容さは世界的にみても悪名高いものだが、「違法 illegal」であることと「犯罪 criminal」であることを弁別できない、この社会の不寛容さを見せつけられるようで目眩がした。しかも一三歳の女子生徒を狙い撃ちにするという、あからさまな「弱い者いじめ」を、大の大人たちが堂々と演じている。デモの趣旨とそのやり方のあまりの卑劣さに、何か得体の知れないものを間近に見せつけられているような、おぞましい恐怖を感じた。

しかしそれ以上に衝撃的だったのは、この醜悪な排外主義者の行動を、国民を守る英雄的行為として賞賛する声が、ネットを通じて湧き上がっていたという事実だった。安田浩一の『ネットと愛国』は、この時のデモの映像を目にして、逆の意味で衝撃を受け、「言いたくても言えないことを、堂々と言ってくれた」勇気ある行動に感激して「行動保守」に目覚めた者たちが、少なくなかったことを伝えている。「在特会」が一挙に知名度を得たのは、このデモだった。

同じ二〇〇九年、民主党政権に交代後の十二月には、関西で、京都朝鮮初級学校への襲撃事件が起こっていた。いつも通り授業のある日の昼休み、突然校門前に押しかけた在特会一一名が、学校中に響き渡るトランジスタメガホン（トラメガ）の大音響でわめき立てた。「北朝鮮のスパイ養成機関、朝鮮学校を日本からたぁーたき出せぇ〜」「これはね、侵略行為なんですよ、北朝鮮による」「なにが子供やねん、スパイの子供やないか」「お前らうんこ食っとけ、半島帰って」。校内の児童たちは恐怖に怯え、泣きじゃくる子もいた。学校側から呼ばれて駆けつけた制服警官は、何もせずただ見ているだけだった。この事件の動画もまた、勇気ある日本人の英雄的な行動として、ネット右翼（「ネトウヨ」）たちを活気づかせた。

児童の保護者であった龍谷大学の金尚均は、こう語る。「驚いたのは彼らの言葉の古さでした。

言葉って発展するのに、何十年も前の差別用語ですよ。『チョンコ』のイントネーションもぼくが言われた昔のまんまです。やはりビクッとしますよ。怖かったのは彼らの語彙の少なさです。非常に断片的で、それゆえに相手を非常に傷つける言葉を、ある意味で的確なタイミングで使うわけです。もっと怖かったのは言葉と言葉が通じ合わない。人間としての会話が成立しないということでした」（中村一成、『ルポ京都朝鮮学校襲撃事件』、一〇頁）。これらは、「在特会」をはじめとする、「行動する保守」のヘイトスピーチに共通する特徴である。

「行動する保守」の影響は拡大する、二〇一一年八月からの「フジテレビ抗議デモ」――フジ系列のテレビ番組が韓流ドラマを流しすぎることへの抗議――には、のべ数千人が参加したとされる。そのほとんどは、ネット上の呼びかけを見て自発的に参加した市民だった。デモの様子を撮影したユーチューブ（Youtube）の映像の視聴回数はたちまち一〇万回を超えた。

「在特会」をはじめとする「行動保守」の最大の特徴は、右翼団体ではなく、あくまで市民運動であることを強調している点にある。行動はネット上で呼びかけられ、参加者は自発的に集まり、思い思いのプラカードを掲げ、デモには決まったフォーマットがあるわけでもない。それらはすべて、左派の市民運動がつくりあげてきたスタイルを――劣悪に――なぞっている。だが一つだけ、左派の市民運動の上をいく要素がある。ネットメディアの最大限の利用法である。

「行動保守」の賛同者の大半は、必要とする知識のほとんどをネットから調達している。内田樹が『日本の反知性主義』で指摘するように、かれら「反知性主義者」はたいてい、非常に熱心な知的努力によって、知識と情報の収集を怠らない(「反知性主義者たちの肖像」、内田編『日本の反知性主義』)。そうした知的努力の末に、社会のリベラルな常識を疑い、「教科書が教えない」歴史の「真実」をあやしげなネット記事に発見し、その「真実」と世間的な良識とのギャップを整合的に埋め合わせるべく、陰謀論に傾いていく。「マスゴミ」は嘘しか書かない、メディアはすべて在日や「反日」に操られている、といった具合に。「ネットDE真実」などと揶揄される「在日特権」のデマゴギーも、歴史的にみれば、反ユダヤ主義や反共主義と同様の、反知性主義の定型をなぞっている、と私には思える。この反知性主義が、つねに必ず歴史修正主義を最大の武器としている点も同様だ。だからくだらない、などと言うのではない。だから根深く、恐ろしいのだ。

「在特会」らは複数の刑事・民事裁判で訴えられながらも、ネット上での支持を拡大し、路上ではヘイトスピーチをエスカレートさせてゆく。週末の繁華街に日章旗や旭日旗を林立させた二〇〇人を超える集団が、へらへらと笑いながら「ゴキブリ」「うじ虫」「売春婦」といった聞くに堪えない侮辱の言葉を撒き散らし、見るに堪えない粗悪な手書きのプラカードを得意げに掲げて練り歩いてゆく。マスメディアは見て見ぬふりをして沈黙していた。深刻な危機感とともに注視していたのは、〈3・11〉以後、はじめて路上の反原発デモに参加し、首相官邸前に集まって抗議の声を挙げ始めた人々の中にいた。

沈黙効果

ヘイトスピーチは、保護されるべき「表現の自由」なのだろうか？　言論には言論で対抗するしかない、というリベラルな原則は、「良い韓国人も悪い韓国人もどちらも殺せ」「朝鮮人首ツレ毒ノメ飛ビ降リロ」といったプラカードを掲げる集団にも、等しく適応されるべきなのだろうか。

ヘイトスピーチの被害としてよく知られているのが、「沈黙効果」である。たとえば次のような状況を思い浮かべてみればよいかもしれない。

あなたが話しかけようとした相手から、いきなり唾を吐きかけられたとしたら、どうだろう。通りすがりの見知らぬ他人から、いきなり平手打ちを食らわされたりしたら、どうだろう。それでも理性的に、対話によって相手を理解し説得しようと試みることが、あなたにできるだろうか。

ほとんどの場合、このような法外な悪意による不意打ちは、それを受けた者を黙り込ませる。被害者にはその悪意の理由が分からず、加害者にはそもそも理由を説明する意志すらない。それどころか、理由を説明しないこと、ただ対話的コミュニケーションを拒絶する意志だけを直截に（暴力的に）伝えること、それこそがヘイトスピーチの最大の「メッセージ」なのである。お前は私と同じ人間ではない、ゴキブリだ。うじ虫だ。ゴキブリやうじ虫に話しかける奴はいない、叩き潰すか、駆除するだけだ。……といった具合に。

むろん、それは「殺せ」とか「叩き出せ」といった極端な暴言の場面であって、日常的な偏見や誤謬は、理性的な対話によって批判し説得することができるのではないか、という反論はありうるだろう。だが問題は、右のような暴言こそが、被害者の心にもっとも深刻なダメージを与えてしまう、という事実である。いきなり唾を吐かれたり、平手打ちを受けたりした経験は、それ自体がトラウマとなって、コミュニケーションへの意欲を深く損なってしまう。こうした被害の多くが「泣き寝入り」に終わるのは、その被害を訴え、理解を得るために最低限必要な、対話的なコミュニケーションへの信頼までも根底的に傷つけられてしまうからなのである。

他者を説得できない誤った思想は、自由な言論の市場的競争によって淘汰されるだろうと想定するのが、いわゆる「思想の自由市場論」である。だがヘイトスピーチは「表現の自由」どころか、「思想の自由市場」が想定する言論の公正な競争という前提そのものをゆがめてしまう。被害にさらされるマイノリティにとって、極度の悪意と暴力性をもったヘイトスピーチが公共空間で黙認されている日常というのは、(アーレント流に言うならば)言論によって公共空間に「現れる」、人間としての条件を暴力的に奪われていることに等しい。

公然と繰り返される差別扇動の暴言は、ネット空間の匿名の暗がりによって承認を与えられている。ふざけた幼稚さの奥に陰湿な狡猾さをのぞかせる「ネトウヨ」たちの匿名の悪意の毒は、マイノリティをますます不可視の沈黙に追いやり、人間不信とコミュニケーションへの絶望にまで追い詰めているのである。

梁英聖は『日本型ヘイトスピーチとは何か』で、日本社会が「反レイシズム」の規範を欠いてきたがゆえに、レイシズムの暴力が問題化されてこなかったことを、セクシャル・ハラスメントを例に説明している。「たとえ深刻なセクハラが横行していたとしても、反セクハラという規範がなければ、それは「セクハラ」として概念化されず、マジョリティの男性はじめ、社会的には「見えない」ものとされてしまう」。

マイノリティは見えない存在であるか、見えるときには、目立ちすぎて「目障りな」存在とされてしまうのである。

「しばき隊」の登場

ネットの暗がりから路上へと飛び出し、ますます増長するヘイトデモは、二〇一二年、韓国の李明博大統領の「竹島上陸」を機に、一気に「反韓」の熱量を増加させた。その矛先は、「韓流」の街、東京・新大久保へと向けられた。「在特会」ら行動保守は、週末の人通りの多い新宿から新大久保の大通りをデモコースに選ぶだけでなく、デモ解散後には「お散歩」と称して、韓流ファンの集まる新大久保の「イケメン通り」を徒党を組んで練り歩き、韓国料理店の看板を蹴飛ばしたり、韓流ショップの店員や客を恫喝したりしながら、その様子を動画に撮影して、ネトウヨ向けの動画配信サイトにアップロードする、という、新手の「娯楽コンテンツ」を配信しはじめたのだ。かれらの「エンターテイメント」の餌食にされるのは、そのほとんどがニューカマーの韓国人や、日本人のアルバイトの若者や、韓流ファンやK-POPファンの女性客たちだった。

新大久保は、韓流ブーム以降、「コリアン・タウン」として急速に認知されながらも、その看板を担っているのは実際にはニューカマーの韓国人が多く、そこにはたとえば大阪の鶴橋などとは違って、日本社会に根を下ろして差別と闘ってきたような、コミュニティの歴史的な蓄積や結束はなかった。在特会の「お散歩」の目的は、決して自分たちには反撃してこないだろう相手を見つけていきなり暴言を吐き、汚らしい言葉で難詰しては、その相手が怒りと屈辱と絶望に震える様子をこれ見よがしに撮影して、動画サイトにアップロードすることにあった。フォロワーのネトウヨたちは、われ先に拍手喝采を送るコメントを書き込んでいた。

こうした新大久保でのヘイトデモ、「お散歩」と称する暴力行為に対して、「レイシストをしばき隊」を名乗る一団が姿を現したのは、二〇一三年二月九日、新大久保でのヘイトデモの後の、「お散歩」を阻止する行動だった。

行動を呼びかけた野間易通《やすみち》は、元音楽雑誌の編集者であり、二〇一二年以来、毎週金曜日の夜に首相官邸前で反原発の抗議行動を続ける「反原連」の中心メンバーでもあった。野間がいかに「行動保守」的なるものと闘ってきたかは、野間の著書『金曜官邸前抗議』『「在日特権」の虚構』『実録・しばき隊』に詳しい。「しばき隊」は一月末に「オフィシャルサイト」を立ち上げて隊員を募集し、「新大久保で一般市民や近隣店舗に嫌がらせしたり暴行を働くネット右翼の邪魔をします」という趣旨を告知した。ヘイトデモは無視して、デモ後の「お散歩」だけを阻止する、という趣旨だった。当日四〇人ほど集まったというその隊員の全貌は、呼びかけた野間だけしか知らないことになっていた。

　ところがこの「レイシストをしばき隊」という、冗談とも本気ともつかないような、いい加減な名前を名乗る正体不明の集団が、少数精鋭のきわめて高度に組織化された機動力を発揮して、ほんとうに在特会の新大久保での乱暴狼藉を、完膚なきまでに封じ込めてしまったのだ！

しばき隊

　ツイッターで拡散された「しばき隊」のいで立ちは、HIPHOPのギャングスタ・ラップのクルーを思わせる。薄暗い新大久保の高架脇の路上に、フードで半分以上顔を隠した男たちの一団が集まって、カメラの方を向いている。写真の画面は暗く、画質も粗くて、男たちの表情は判別がつかないが、なにか不穏で、暴力的な緊張感を漲らせている。俺たちのストリートで暴れるレイシストどもには、ストリートのマナーで報復を受けてもらう……。そうしたアティチュードが写真から伝わる、不敵で、挑発的な写真だ。

　この写真を見たとき、私は「ついに、日本の路上にも、こんな集団が現れたのか！」という、新鮮な驚きと興奮を抑えられなかった。それはまさに、ストリートの流儀で世界的なユースカルチャーにまで発展してきた、HIPHOPの「正しい」マナーではないかと思ったのだ。

差別と貧困が日常であるような「ゲットー」で生まれ育ったHIPHOPカルチャーの担い手たちにとって、「レイシズム」――それはたんに「人種」差別だけを指し示す言葉ではなく、出身や生い立ちに由来する、あらゆる社会的偏見を含意している――はかれらを取り巻く現実そのものであり、反レイシズムは、そうした現実と交渉しサバイブするためのスキルでさえある。私が興奮したのは、このHIPHOPの根源的な衝動こそが、二〇一三年の日本の路上（ストリート）で何よりも必要とされているアティチュードであることを、「しばき隊」が直感的に理解し行動を起こしたのだと思えたからだった。

その異彩を放つコワモテないで立ちに幻惑されて、「しばき隊」をそのまま暴力集団のように思い込んでしまう人は、差別に反対するリベラルの側にも少なくなかった。かれらはレイシストの暴言に罵声でやり返す「しばき隊」のストレートな対抗戦術を、暴力に暴力で対抗していては、暴力の連鎖を生むばかりではないか、と感じたようだ。「しばき隊」への非難は、右からだけでなく、（はるかに消極的ながらも）左からも起こり始めた。

だが「しばき隊」の行動方針が、徹底した「非暴力直接行動」であったことは確認しておかなければいけない。むしろ暴力的なイメージを戦術的に利用することが、しばき隊の目的だった。それは従来の左翼には考えつかない、斬新で意表をつくものだった。「警察に仕事をさせる」という作戦である、野間は二月三日のツイートで、次のような「予告」をしている。

警視庁からしばき隊への問い合わせがあったので、総人員五〇〇名、ロケットランチャー五台、AK‐47が三〇丁、MP5が五〇丁、青龍刀部隊二〇名超と答えておきました。（二〇一三年二月三日）

ヘイトデモの現場に「しばき隊」が登場することで、デモ参加者は逆上してパニックに陥り、その場に一種の騒乱状態が生まれる。警察も看過できないほどの興奮状態を作り出して、ヘイトデモの本来の目的（差別扇動）を逸脱させ、警察には安全管理に動いてもらおう、という目論見だ。これは、実はよく考えられた作戦である。警察はそれまで、ヘイトデモの警備の際にはほとんど一切、デモ隊を制止することはなかった。ヘイトスピーチを禁じる国内法がない以上、警察が合法的に許可したデモを取り締まることはできない、というのがその理由だ。だがそのことによって、実際には犯罪的なまでに有害で傍若無人なヘイトデモが警官隊によって守られ、デモ隊による市民への恫喝や暴行ですら黙認され、反対に、抗議する側が警察によって排除されたり、ときには逮捕されることすらあるということを、抗議運動の側はいやというほど見せられてきていた。

そこで、「警察に仕事をさせる」ためには、それが憲法や条約に違反する人種差別であり人権侵害であると訴えるよりも、まずは治安上の問題であると認識させることが、警察を動かす有効な作戦になる。明戸隆浩の整理によれば、ヨーロッパで最初にヘイトスピーチを法的に規制したドイツの「民衆扇動罪」（一九六〇年）の根拠は、人種差別の禁止ではなく「社会の混乱防止」であったという。ヘイトスピーチの規制を人種差別禁止という観点から求めようとしても、おそらく日本でそれが実現できるのは何世代も先のことになるだろう。その間にも、ヘイトスピーチは拡大しエスカレートし、取り返しのつかない被害を与えてゆくだろう。

「しばき隊」の中で、こうした議論が実際になされたのかどうかを私は知らない。だがしばき隊が実際に採用した「理論」はこれであったと言える。人種差別禁止と、ヘイトスピーチ規制という二通りの目標を、まずは切り離した上で、緊急性の高い後者の課題に対して、「行政警察の仕事をさせる」というプラグマティックな答えを出したのである。もちろん、当然のことながら、このこともまた、「しばき隊」がラディカルな左派の不興を買った大きな理由となった。（なおこの段階で、しばき隊参加者の多くがヘイトスピーチ規制に反対していたことも、つけ加えておく必要があるだろう。言論弾圧につながりかねない法的規制が必要になる前に、市民が止めなければならないというのがしばき隊の考えであった）

実際のところ、この作戦は非常に効果的だった。愚かなレイシストたちは、本来のデモの目的である差別扇動のメッセージを市民に向けて垂れ流すよりも、デモ隊の邪魔をしようと待ち構える「しばき隊」の存在に逆上して、攻撃の矛先を「しばき隊」に向けて、支離滅裂な罵詈雑言をわめき散らすようになったのだ（実際には、しばき隊はデモはスルーして、「お散歩」阻止に備えてデモコースの近辺に潜んでいるだけだったのだが）。在特会のヘイトデモは、その攻撃対象を次第に「在日」から「反日」へと変えていくことになった。レイシストの敵は、もはや「日本人」の中にもいる、とかれらは悟りはじめた。それも、「反日左翼」という、分かりやすい敵だけでなく、どこにでも潜んでいる「日本人」が、凶暴な「反日」かもしれないのだった。

プラカ隊の登場

「仲良くしようぜ」と書かれたプラカード

二月九日の「しばき隊」の登場に続いて、学生でありミュージシャンである木野寿紀《トシキ》の呼びかけで、二月一七日のヘイトデモからは、沿道に「プラカ隊」が並びはじめた。

「しばき隊」の暴力的な（と見える）実力阻止のコワモテ路線に対し、日本語とハングルで書かれた「仲良くしようぜ」というプラカードを掲げて、平和的に抗議の意志を示そう、という趣旨だった。二月一七日のデモの沿道に初めて並んだ「プラカ隊」はせいぜい三〇人程度で、二〇〇人のレイシストのデモ隊からの集中的な攻撃の標的にされるためには、あまりにも少ない人数だった。それでも黙ってプラカードを掲げ続けた彼らの勇気は、敬服に値する。一ヵ月後、私も初参加した三月一七日の抗議行動では、「プラカ隊」は三〇〇人ぐらいまで膨れ上がり、六月には一〇〇〇人を超えるまでになっていた。

暴力的な騒乱状態を好まない、平和的な抗議の意志を示すことを趣旨とした「プラカ隊」は、少数精鋭のゲリラ部隊のような「しばき隊」に較べ、抗議行動への参加へのハードルを思い切り引き下げた点で、画期的だったといえる。だが実際には、はじめてヘイトデモの現場に生身で立つ「プラカ隊」の参加者は、想像をはるかに絶する経験をしていた。醜悪きわまりない憎悪にみちた怒号と罵声で興奮のるつぼとなったデモの現場に身をさらし、へらへらと笑いながら下劣なメッセージやウェブカメラをこれ見よがしに向けてくるヘイターたちを目の当たりにして、黙ってプラカードを掲げつづけるストレスは、常人は耐えがたいものだった。ある男性参加者はツイッターで、「精神をレイプされる感じ」と書いていた。週末のあまりにも非日常的なヘイトデモの現場で吸い込んだ毒は、週明けの平穏な日常に戻ることを困難にしていた。過度の緊張がとれず、突然怒り出したり、急に涙もろくなったり、不安に苛まれたりと、心身の不調を感じる抗議参加者も少なくなかった。

まさに、ヘイトデモの現場でこの感覚を経験したことから、皮肉にも、「しばき隊」の戦術の意義と効果を真っ先に理解できたのも、これら初期の「プラカ隊」参加者たちであった。「しばき隊」はすでに「お散歩の阻止」という初期の作戦目標を達成していた。「デモ自体はスルー」というのが「しばき隊」の最初の方針だったが、いまや「プラカ隊の護衛」が新たなミッションに加わったのだ。実際、「しばき隊」の最初の数回の作戦行動で、新大久保を通るヘイトデモのデモコース周辺の街路図や「カウンター」行動のロジスティクスは、すっかり自家薬籠中のものになっていたのである。デモ後の「お散歩」を完全に封じたいま、「しばき隊」はデモそのものを封じ込める行動に踏み出した。それは「プラカ隊」と一体になって、デモ隊のヘイトスピーチから市民を守る、反ヘイトの壁を作ることだった。「しばき隊」と「プラカ隊」が一体になることで、ひとつの「理論」が急速に生みだされ、「カウンター」行動に自発的に参加する人々の共通理解となっていった。それは次のようなものである。

ヘイトデモに抗議する「資格」があるのは、ヘイトの被害を受ける当事者だけだ、というのは間違っている。これは日本社会の問題である。ヘイトスピーチは社会を壊す。社会を守りたいのなら、社会のマジョリティである日本人こそが声を挙げなければならない。

差別の痛みを知るマイノリティや社会的弱者を、「カウンター」の矢面に立たせてはいけない。卑劣なレイシストは常に、社会的弱者だけを狙い撃ちにする。だから「しばき隊」として活動するメンバーは、原則としてマジョリティの、それも男性に限る。マッチョ主義だと批判されることを、恐れてはいけない。男性よりも女性が攻撃されるときのほうが、複合差別の深刻なダメージを受けかねないからだ。

罵声を浴びせることがすなわちヘイトスピーチなのではない。たとえば在特会会長を「ヘイト豚」と罵倒することは、ヘイトスピーチ（差別扇動）ではない。日本人レイシストと日本人「カウンター」が罵声を浴びせ合うだけなら、それはマジョリティの間のただの下品な口喧嘩に過ぎない。しかし日本人レイシストがマイノリティに差別的な罵声を浴びせるときには、それはマイノリティだけに深刻な被害を与えるヘイトスピーチになる。だからこの違いを明確にさせるためにも、「ヘイト豚、死ね!」と大声で言うべきである。

ヘイトデモの現場で「カウンター」がレイシストに罵声を浴びせ、喧騒状態を作り出すことは、正しい。ヘイトデモが標的としている人々に、聞くに堪えないヘイトスピーチのメッセージを聞かせてはならない。カウンターの罵声でヘイトスピーチをかき消し、プラカードの列でデモ隊を取り囲んで見えなくし、喧騒状態を作り出してデモの目的を分からなくさせることは、ヘイトから市民を守るための、正しい戦術である。

こうした指針が実際にどこかで決定されたとか、現場で指示されたとかいった話は聞かない。「しばき隊」も「プラカ隊」も、また抗議活動に共鳴して思い思いのアイデアをもって現場に駆けつける人々も、組織や団体ではなくたんなる一市民として自発的に参加しているのにすぎなかった。にもかかわらず、ヘイトデモの現場を経験した多くの個人にとって、これらの「理論」は実感を伴う、あまりにも自明なものだった。

「プラカ隊」がわずか三〇人ほどの少人数で新大久保の路上に現れてから、わずか数回後の抗議活動では、もはや「しばき隊」も「プラカ隊」も、すでに見分けがつかなくなっていた。いつしかかれらは自らを「カウンター」と呼ぶようになっていた。ヘイトデモが予定される大久保通りのデモコースには当日、多くの自発的なカウンター参加者が早い時間から集まり、SNS等で活発に状況を報告し合い連絡をとり合い、情報を拡散して、新たな参加者を募った。カウンターの平均年齢は三〇～四〇代がボリュームゾーンに見えたが、学生と思しき若者の顔も数多く見られた。

「カウンター」には、実に様々な職種や背景の人々が参加していた。学生・院生、会社員、フリーター、経営者、団体職員、自営業、編集者、ライター、写真家、映像作家、デザイナー、行政・司法書士、弁護士、教員、議員……などなどである。その中には、アクティヴィスト、ブロガーやツイッター（twitter）上のインフルエンサー、ミュージシャン、Jリーグサポーター、オタクとして知られているような人も含まれていた。イデオロギー的にも左から右までさまざまで、むしろ多くは政治的な背景をもたない「ノンポリ」だった。必然的に、新大久保で自然発生的に膨れ上がったカウンター行動は、多様なアイデアを持ち寄った、きわめて多彩でにぎやかなものになった。デモ予定時刻前の大久保通りにはK‐POPをかけながらDJカーが走り、駅前の大型ビジョンでは著名人のビデオメッセージが上映され、商店街には反ヘイトのポスターや旗が掲示され、駅前広場や沿道では「仲良くしようぜ」「LOVE新大久保」といったメッセージをプリントしたハート形の風船や、メッセージカード、手づくりクッキーが配られた。そうした様子はNHKや韓国MBC、KBSをはじめ、多くの取材カメラに捉えられ、国際的に報じられた。とりわけNHKの「おはよう日本」で放映されたヘイトデモとカウンターの映像は、朝のひと時の

「お茶の間」にショックを与え、「ヘイトスピーチ」の実際の意味を知らしめることになった。NHKには五〇〇〇件もの抗議電話が寄せられたという。そのほとんどは、差別を擁護するネトウヨ的意見だった。

ヘイトの社会問題化とカウンターへの非難

「しばき隊」のセンセーショナルな登場と、それに続くカウンターの多彩な行動が、ヘイトスピーチをはじめて「社会問題」として可視化したことは間違いない。「ヘイトスピーチ」は二〇一三年の流行語大賞に選ばれ、「レイシスト」という語もネット上の注目（バズ）ワードになった。梁英聖が求めるような、「反レイシズム」の社会的規範化にはほど遠い状況だったが、少なくともそのための第一歩、「可視化」と「社会問題化」に、カウンターは成功したと言えるだろう。

NHK「おはよう日本」に抗議が殺到したのも、要するに、平穏な「日本的」日常の中で、それをかき乱す他者のノイズを排除し嘲笑することに居心地よさを感じていたマジョリティの一般市民が、その神経を逆なでにするような敵対的な現実を突きつけられて、一種のモラル・パニックに陥ったということであろう。一種の悪趣味なネタ程度にヘイトを嗤ってやりすごしていた日常に、怒号と中指を突きつける存在として現れた「カウンター」が、反レイシズム規範を知らない「ふつうの日本人」たちの目に、「過激」で反社会的な行動をする集団と映ったとしても不思議はない。

反ヘイトスピーチには同意するが、やり方がよくない、そのような過激な罵倒合戦では、相手と同じになってしまうし、一般市民の同意を得るのは難しいのではないか、といった——非暴力直接行動の社会運動にはつねに投げかけられてきた——批判は、後を絶たなかった。発言力のあるツイッターユーザーや知識人は自らの見識が問われていることを敏感に察知し、慎重に穏健な意見を述べた。そうしたしたり顔のコメントを、カウンターは「どっちもどっち論」と呼んで一蹴した。それは良識的な意見に見えるが、ヘイトスピーチによってマイノリティばかりが日々恐怖にさらされ、急速に社会規範が破壊されてゆく現状に、見て見ぬふりをすることではないか。そういう微温的なコメントは、怒りの声を挙げる者ばかりを批判しながら、社会的な良識をこれ見よがしに踏みにじっているレイシストに対しては直接に非難もせず、まだ言葉の通じそうなカウンターのやり方にばかり、偉そうに口出しをしているだけではないか。自分は安全な高みにいて、火中の栗を拾う者たちに向かって、有難い教えを垂れようというのか。カウンターにとって、これほど鬱陶しいことはなかった。自分から動く気がないのなら、せめて黙って見ていてくれ。味方のふりをして「後ろから撃たれる」ことほど、消耗させられることはない。

ヘイトスピーチをめぐっては、マスメディアよりもSNSのほうがはるかに先駆けて主要な議論の場になっていたことが、こうした「カウンター」の苛立ちに拍車をかけることになった。S

NSでは誰もが現実の社会的な距離を飛び越えて、直接に公開のメッセージを発信することができる。カウンターにとっては、日々何十何百と投げつけられる、どれもこれも似たようなネット右翼（ネトウヨ）からの誹謗中傷も、また――残念ながら――どれもこれも似たような左翼的な批判も、自分たちの足を引っ張ろうとする点では大差ないものに見えていた。むろん、左翼的な良識のほうが共感的ではあったが、それだけに一層、ややこしく消耗させられる「重たさ」があったのである。ダメなものはダメだ、と、なぜ簡単に言えないのか。一番の悪はそっちのけで、なぜそれに明快に反対している自分たちにばかり絡んでくるのか。結局のところ、自分は悪の側を擁護する気はさらさらないが、きみたちの「正義」にも違和感を覚える、などと、「自分はかしこい」アピールをしたいだけではないのか。

主にツイッター上でのそうした不幸な会話を重ねることで、カウンターは徐々に、SNS上の「ネット左翼」とは距離をとるようになっていった。「ヘサヨ」という揶揄的な呼称が生まれ、SNSで大いに広まって、「カウンター」の登場以前から真摯に反差別運動に取り組んできた左翼活動家までもが揶揄されるほどになった。「カウンター」参加者の大半は共通の思想的背景をもたない雑多な市民であり、左翼の社会運動の蓄積については端的に興味もなかったし、実際に無知でもあった。逆に左翼的社会運動の間には「カウンター」への警戒心も生まれ、日本の反差別社会運動のリソースの中に、混乱や亀裂が見られるようにもなっていったように思える。

「アンティファ」のカルチャー

「カウンター」の際立った特色として、ストリートカルチャーの文法や語彙を大幅に取り入れていることがある。「しばき隊」のハードコアなアティチュードは、「プラカ隊」のプラカードにも——反原発デモで広まった、ネットプリントという手軽な手法を通じて——「レイシスト帰れ」「レイシストは日本の恥」といったデザインのかたちでも広がっていったが、それだけではない。参加者のファッションも、フーディーやクラストパンツ、スナップバック帽といった、ストリートの不良が好むカジュアルなものが目立つ。

「しばき隊」が初期の目的を終えて発展的に解消され、「カウンター」のプラットフォームとなるC.R.A.C.(Counter-Racist Action Collective)という名称に統合されると、こうしたセンスは一種のブランド化を指向するようになる。「TOKYO AGAINST RACISM」のロゴTシャツが作られ、続いてOSAKAやKYOTO、SAPPOROなど同じロゴの各地のバージョンが次々と現れた。これらはWEB上の「CRAC商店」のホームページで販売され、独自レーベルで監修したCDなども生まれた。CRACのホームページは現在、オリジナルウェア、CD、書籍など、感度の高いストリートのブランドや「教養」を発信するセレクトショップのような場になっている。社会運動に、マーケティングの手法を取り入れることに躊躇はない。

カウンター行動の告知にも洗練されたビジュアルが使われ、「情宣」はむしろ「プロモーション」

に似てくる。CRACは消費文化を否定しない。むしろ逆手にとって、デザインやロゴを上手に使う。CRACのロゴはストリートギャングのハンドサインを思わせるものだが、このハンドサイン自体は、現場で使われるのを見たことがない。あくまでもストリートの意匠なのである。CRAC主催の企画は、集会だけでなくイベント、パーティも豊富だ。会場にはDJブースが置かれ、アフターはフロアを躍らせるクラブさながらになる。

CRACは、ありていに言えば「かっこよさ」にこだわっているのだ。かっこいいスタイル、感度の高い趣味・センスこそが、ヘイトをふりまくダサい連中を寄せつけないための最良の武器である。自覚的なそのスタイルは、ANTIFA（Anti-Fascism）というキーワードと結びついている。社会運動が同時に文化運動でもなければならないことを、アンティファはよく弁えている。アニメ好きのネトウヨたちが戯れる無時間的なバーチャル空間こそが、いまや「日本すごい」の極右政治を増殖させる培養基になっているとしたら、ストリートのリアルな闘争（競争）の中で磨かれてきたスタイルの洗練こそが、アンティファの文化政治なのである。

もっとも、この点がカウンターのアンティファ路線の、ある種の限界なのではないかと感じることもある。端的に言って、日本社会のマジョリティに、HIPHOPカルチャーやハウス・ミュージックやアート・アクティヴィズムやサッカーのサポーター文化といった「マイナー」な文化への理解や共感を期待することは、ほとんどないものねだりに等しい。カウンターへの批判には、おそらく同時に、カウンターのカルチャーへの違和感もが表明されていた。カウンターがカルチャーの洗練によって内破させようとする「日本社会」の分厚い繭は、カルチャーに鈍感な「ふつうの日本人」たちを保護している。だからこそ文化の闘争を進めていかなければいけない反面、それは「カルチャー」の語源から派生する「カルト」に接近していくことではないか、という疑いもある。

レイシストは最悪にダサいが、ダサいかどうか自体は美学の問題であって、政治の問題とはさしあたり別であろう。少なくとも、政治の美学化と美学の政治化が実際には紙一重なのであり、両者の間に「正しい」理論的処方箋が出されたことはない、という歴史をふり返っておく必要はあるだろう。

「周知系カウンター」

中には、「しばき隊」の呼びかけに応えて駆けつけたものの、「このやり方は違う」と感じて、別の方法での参加を模索していった者たちもいた。そのすぐれた例が「反レイシズム知らせ隊」である。「しばき隊」や「プラカ隊」の抗議で騒然となるデモ現場は、機動隊を挟んでトラメガ（トランジスタメガホン）の怒号が飛び交い、時には隊列が崩れてもみ合いにすらなる危険な現場である。事情がわからない観光客や地元の商店から見れば、誰が誰と対峙しているのかすら判別がつかない、阿鼻叫喚の巷でしかない。「知らせ隊」は、通行人に向けて「差別主義者に抗議中」

と書いたプラカードを掲げ、抗議行動の趣旨を分かりやすく説明したビラを配って、周囲の人々の理解を求めることを役割に選んだ。これは有効な方法だった。顔をそむけて足早に通り過ぎる通行人も少なくない中、事情を知ると協力的になる市民もいたからだ。

「周知系カウンター」という流れを生み出した「知らせ隊」のこうした活動方針はさらに、関東大震災九〇周年に合わせて日々ブログを更新する期間限定のWEBプロジェクト、「9月、東京の路上で」へと展開してゆく。関東大震災直後に東京近辺の各所で発生した朝鮮人虐殺の現場を、九〇年後の同じ日に訪ねて、九〇年前の記録を重ねてみるというものである。当初の反応はわずかなものだったが、のちに加藤直樹『九月、東京の路上で』(ころから、二〇一四年)として出版されると、「カウンター」界隈に大きな衝撃をもって迎えられることとなった。よく知られた「ヘイトスピーチ」→「ヘイトクライム」→「ジェノサイド」へと至る「憎悪のピラミッド」のモデル(実際には五段階だが、ここでは単純化しておく)が、決して観念的な図式などではなく、この社会がかつて実際にたどった現実であったことを、まざまざと教えていたからである。それは九〇年後になお、同じ恐怖を生きている隣人たちへの理解を格段に高める役割を果たした。

出版人も呼応し始めた。『NO ヘイト――出版の製造者責任を考える』『さよなら、ヘイト本』(ころから、二〇一四、二〇一五年)は、「ヘイトスピーチと排外主義に加担しない出版関係者の会」のシンポジウムから生まれた、小さいが確かな一歩である。現在のヘイトスピーチの蔓延は、極右政治家や著名人、ネットメディアの影響も大きいだろうが、「嫌韓・嫌中」のヘイト本が書店の棚で平積みや面陳列される状況を許してきたのは、出版人の責任も大きい。出版不況の中で、ただ売れるからという理由でヘイト記事を書き、「嫌韓本」や「日本すごい本」を企画する編集者や記者やライターにも、苦悩がないわけではない。無力感や自己嫌悪をごまかしながら、生活のために出版人の魂を売っているこうした人々は、誇大妄想的な使命感から歪んだショーヴィニズムに溺れている「愛国者」や、愉快犯的なネトウヨ以上に、出版のモラルを荒廃させてしまっているのではないかと、本当は悩んでいる。『産經新聞』や青林堂が辿った道は、いま日本の出版全体にとって笑い事ではない。

非暴力直接行動

二〇一三年の新大久保での「カウンター」行動のハイライトは、六月三〇日の国際通りのヘイトデモに対抗して出現した「民衆の壁」と、九月八日の同じ場所でのデモに対する「シットイン」（座り込み）だった。六月三〇日、大久保通りを予定していたデモコースは、新宿警察署によって国際通り（通称・職安通り）を通るコースに変更されていた。カウンター行動に集結した市民は、出発地点の大久保公園を取り囲んで、デモ隊が国際通りに出てくる手前で阻止する方針だったが、警察・機動隊は数十名のデモ隊を保護するために、大久保公園周辺に早くから詰めかけたカウンターを排除するバリケードの柵を築き、デモ隊の国際通りへの進出を許した。ところが、排除されて国際通り側に集結した一〇〇〇人を超えるカウンターは、文字通りの人間の壁を作って、対抗しようとしたのだ。

デモ隊は予定通りに出発した。だがこのカウンター行動が、おそらく重要な変化につながった。七月に予定されていたヘイトデモの申請が、新宿警察署によって許可されなかったのだ。これ以後、九月八日のただ一回を除いて、新大久保でのヘイトデモは見られなくなった。その、新大久保で行われた最後のヘイトデモで、カウンターは驚くべき行動をとった。警察の制止を振り払い、沿道から次々と車道に飛び出し、その場に寝転んで、デモ隊の通過を阻止しようとしたのだ。週末の東京の路上に出現した、歴史的な「シットイン」である。機動隊の警官に手足を掴まれ次々と排除されながらも、すぐ最後尾に戻って再び路上に横たわる参加者たちの抵抗もまた、警察に守られたデモ隊を阻止することはできなかった。だがこれを最後に、新大久保におけるヘイトデモは終息したのである。

シットインは、逮捕者が出る危険もあるぎりぎりの戦術である。だが同時に、非暴力直接行動の精神をあらわす、究極の行動でもあるだろう。それは武装警官隊の前に丸腰で立ちはだかったり、軍隊の戦車の前に身を投げ出したり、極限的には、文字通り全裸で軍や警察の前に身をさらすといった、脱植民地化や民主化の歴史的闘争の場面と、直につながっている。

非暴力直接行動とは、暴力はいけない、と相手を説得しようとするものではない。暴力的な緊張を避けて、対話によって相手を説得しようとすることではない。むしろ暴力と非暴力が直接に対峙する状況をあえて作り出し、敵対性を際立たせることで、相手の暴力の不正義を暴き出すものなのである。

男組、超圧力・実力阻止の思想

ここに一枚の写真がある。

写真：権徹

新宿・歌舞伎町に生きる人々の表情を撮りつづけてきた写真家権徹《ゴンチョル》が、二〇一三年二月九日のヘイトデモが通り過ぎる、JR大久保駅前で撮影したものだ。旭日旗を林立させて通り過ぎるデモ隊を泣きながら見つめているのは、おそらく日本人の女子高校生なのだろう。もしかしたら、新大久保に遊びにきたK-POPファン（Kポペン）だったのかもしれない。権は声をかけてから、四枚の写真を撮った。写真を撮っている間も、撮り終えて「どうして泣いてるの」と聞いても、彼女はただずっと、「ごめんなさい、ごめんなさい」と繰り返すばかりだったという。

この一枚の写真に重ねるように、ラッパーのECDはIllreme《イルリメ》と一緒に「The Bridge」という曲を書いた。

触れさせやしねえ　あの子に指一本　涙でその頬　濡れさせやしない
触れさせやしねえ　あの子に指一本　涙でその頬　濡れさせやしない

足すくむ震え止められない　わめき声「殺せ叩き出せ」って聞いて泣き出すの無理ねー
だって自分が今　大好きなアーティストが　スターが　アイドルが　何人かどーかでそんな言
　われ方
どんだけ悲しい悔しい恐ろしい　そいつがレイシズム　そしてヘイトスピーチ
こんな世界があっていいわけがねえ　いいわけがねえ　いいわけがねえ

これをマッチョ主義、パターナリズム、メイル・ファンタジー等々と揶揄することは簡単だろう。実際、「しばき隊」やカウンターによる直接対峙の仕方は、ヘイトスピーチの抑止に有効であるかぎり、つねに「政治的に正しい」わけではなかった。

中でも賛否両論を呼んだのは、「超圧力」をモットーに掲げて登場した「男組」だった。ガラの悪いコワモテの男たちが、恰幅のいい体躯に刺青を誇示して、惰弱で卑屈なレイシストどもを、正面から威圧する。「しばき隊」に始まる「非暴力直接行動」の、これ以上ないほどの、正攻法である。

しかしそれが「カウンター」への批判に格好の材料を提供したことは、言うまでもない。「カウンター」参加者の多くはSNSで「男組」を擁護していたが、それ以上に、話題に乗じる批判者やネットメディアの話題づくりに乗って、「しばき隊＝暴力集団」のイメージは浸透していた。何よりも、「男組」は目立ちすぎていた。警察は明らかな狙い撃ちの捜査で、「男組」の幹部を不当逮捕さえしていた。「男組」は二〇一六年には沖縄の新基地建設阻止闘争に参加し、代表者が不当逮捕・拘留される。拘留は異常なまでの長期に及び、その不当性は明らかであるにもかかわらず、「男組」へのネット上での賛否両論は止まなかった。

マッチョで粗暴な言動を「売り」にする「男組」に、女性たちへの抑圧や排除を見つけようとするのは、必ずしも正しくない。男性のやり方を批判するよりも、独自のやり方で共闘しようと名乗りを上げたのが、「女組」だった。この挑発的なネーミングは、女性がつねに被抑圧者であるはずだという、左翼的な先入観への批判だといえるだろう。「女組」は独自に「カウンター」の写真展を企画し、二〇一四年にはエコギャラリー新宿（新宿中央公園）や、カルチュラル・タイフーン（国際基督教大学）での企画展示を行った。

運動が攻撃的な男性性のイメージに頼ることに、抑圧的な要素がないというわけではない。ただ、男が変わろうとしているときに――「男組」は「差別撤廃・東京大行進」の準備には裏方として献身的に働き、LGBTへのヘイトにも先頭に立って抗議する集団になっていた――、女はただそれを見て拍手したり文句を言ったりしていればいいのか。「女組」は、そんな暇があったら自分たちでできることをやるよ、という侠気《おとこぎ》ある人たちだった。

私たちは、ここであらためて、レイシズムの「暴力」と、それに対抗する「暴力」の意味について、考えてみなければならないだろう。差別はそれ自体が暴力であり、犠牲者に深刻なダメージを与える。差別の扇動は必然的に暴力の扇動なのであって、放置すればジェノサイドにまでエスカレートしかねない、最悪の人権侵害行為である。差別に反対する行動はしたがって、あくまでも暴力に反対する立場で行わなければならない。実際、ヘイトデモに抗議する「カウンター」行動は、「非暴力・直接行動」の原則を逸脱しないことを最優先の指針としてきた。「しばき隊」も「男組」も、レイシストに対する暴言や罵倒を含む「暴力」をイメージとして最大限に活用しながらも、実際の路上の行動では非暴力を貫いてきた。（シットインなどの実力阻止の場面で、実際に暴力を行使してきたのは、警察である）。

「非暴力」「対抗暴力」「反暴力」を、概念的に区別しなければならない。ヘイトスピーチに抗議する「カウンター」は「非暴力」を原則としている、ときには「対抗暴力」のイメージを戦略に利用するが、それは暴力を「叱る」ためである。「殺せ」というレイシストに対して、「そんなことを言う奴はぶっ殺してやる」と言えば対抗暴力だが、「カウンター」はそうは言わない。「殺すな」（言葉の暴力で、ひとの心を殺すな）と言っているのである。それは、実質的には「反暴力」と言うべきものであろう。

左翼的な立場からカウンターに投げかけられてきた定型的な批判は、実際のところ、的はずれなものが少なくなかった。高橋若木は、反ヘイトを嚆矢として路上に現れた人々による新しい社会運動の特徴を、「街の群集の普遍主義」であると論じている。高橋の印象的なたとえによれば、従来の左翼活動家の自己イメージが、不正に満ちた「街」から自ら追放され、呪われた「街」の社会構造全体を否定する「荒野の預言者」であったのに対して、この新しい社会運動の担い手たちは、「街」で日々の生活を営む諸個人として、わが街に公正さを求める「街の群衆」なのである。（金子勝、伊東俊彦ほか『社会はどう壊れていて、いかに取り戻すのか』同友館、二〇一四年）。

このイメージは喚起的である。のみならず、SNSという都市的な空間を介した日々のつながりの中で、公正さの実現を求めて活動を続ける一方、つねに「預言者」からの批判にもさらされてきた「カウンター」の実感を、見事に言い表わしてもいる。荒野の左翼から、街のリベラルへ。「政治的に正しい」少数者から、シングルイシューで集まる雑多な人々の集合的な怒りの表明と、その先の公正さへの希求へ。

川崎・桜本

以上に見てきたのは、「ヘイトスピーチ以後の社会運動」の、二〇一三年以降の風景だ。「反ヘイト」というひとつの決意から自発的に路上に集まった人々が、そのつながりの中から社会を異なった目で見るようになり、さらに様々な社会問題へと関心を開いてゆく、そのプロセスの（さしあたり私という一個人の目が捉えた範囲での）素描であった。

最後に見ておきたいのは、このような社会運動が、地域社会とどのように関わり、何をもたらしたか、そのひとつのモデルケースである。神奈川県川崎市の桜本は、度重なるヘイトデモの標的にされながらも、住民と「カウンター」が連携してヘイトデモを阻止し、その流れに背中を押されるようにして、川崎市は自治体レベルでヘイトデモや集会の規制へと歩みを進めてきている。

京浜工業地帯の中核を支える川崎市の沿海部は、古くからの在日コリアン集住地域としても知られている。自伝的エッセイ『カワサキ・キッド』で東山紀之は、幼少期に住んだ桜本を「ヨイトマケの唄」の世界だったと回想している。磯部涼の『ルポ・川崎』は、かつての「ヨイトマケの唄」の世界が、今日ではストリート・ギャングの暮らす「ゲットー」となり、ラップとHIPHOPのメッカになっている様子を濃密に描き出している。

「昔からやんちゃっ子のグループって、多国籍なんですよ。でも、母子家庭という共通点があったり。ルーツでつながるより、ある種の〝におい〟でつながっていく」（鈴木健、磯部『川崎』、二五八頁）

〈3・11〉以後、さまざまなイシューに取り組む人々が、SNSを介してつながりはじめた。原発、避難者支援、ヘイトスピーチ、米軍基地、安保法制、LGBT、メディア、貧困化、等々。本稿で素描してみたのは、私の目に映った、そのひとつの流れにすぎない。

大震災以後、「絆」という言葉がしきりに使われ、それは容易に「日本」を応援しよう、というナショナリズムのプロパガンダへと連続していった。その先には、「愛国」の名のもとに異質な存在を貶め、沈黙させ、もはや誇大妄想でしかない大国意識の幻影に必死でしがみつこうとする、哀れで醜い排外主義者たちが待ち構えている。けれども他方では、そうした社会の「崩れ」に危機感をもち、抗う市民たちの努力も可視化されるに至っている。ひとりひとりの市民が路上に姿を現し、思い思いの言葉とスタイルで「子どもを守れ」「社会を壊すな」「民主主義ってなんだ」と声を挙げはじめた。〈3・11〉以後、むしろ勢いを増したかに見える「行動する保守」は、そうした流れに対するバックラッシュであるとも言えるだろう。だが、そのふたつの対抗する潮流を分けているものは、何なのだろう。

それは「におい」といった、身体感覚にかかわる語彙でしか、言い表わせないようなものなのかもしれない。ただこの身体感覚は、たとえば「絆」や「愛国」といった情緒的な言葉よりはずっと、すぐそばにいる他者の存在の固有の重みを感じとり、言葉よりも深いつながりへと自らの限界を開いてゆく希望をもっているはずだ。

「しばき隊」を嚆矢として広がった「カウンター」行動への批判、ヘイトスピーチ規制の法制化への批判などは、実際ひとつやふたつではない。それぞれの立場からの真摯な考察があり、長年にわたって積み上げられてきたそれぞれの現場での継続的な取り組みがある。それらに対して、あなた方はレイシストの味方なのか、それともわれわれの味方なのか、と詰問するような「カウンター」のネット上での「ゼロ・トレランス」に危惧や反感が集中することは、いたしかたのないことかもしれない。

ただ、ひとつだけ確かに言えることがある。それは、ネット上での激しい誹謗中傷や議論のターゲットとされ、巻き込まれながらも、誰よりも献身的に活動してきた「カウンター」は、その活動の中から、反差別運動のあらゆる困難を身をもって体験し、深く厚みをもった経験や考察を積み重ねてきた、ということだ。「当事者原則」を否定する「理論」によって新たな直接行動の地平を開いた「カウンター」が、ありとあらゆる非難や無理解や反感や誹謗中傷にさらされることによって、逆説的にも、差別的攻撃の被害「当事者」としての知識と感受性を、属性によってではなく運動の経験を通じて、たっぷりと身につけてきてしまった、ということだ。

人の世の冷たさに打ちのめされ、人間《じんかん》の闇をこれでもかと見せつけられ、心の中で血を流しながらも路上に立ち続けてきたからこそ、「カウンター」の諸個人には、あらゆる差別の痛みを具体的に考えることができる、人間的な知性が身についている。机上の理論家がどんなに想像力を働かせたとしても決して届きはしないだろう、自ら血を流した者だけが知る理解の水準というものがあるのだ、と私は思う。言葉では語られなくとも、人としての尊厳の共振する水準で、感覚を分有できる他者への回路というものがあるのだ。社会運動とは、そのような回路を探り、開いてゆく努力のことでもあるだろう。

あとがき

本書をせりか書房から刊行するに至った経緯について述べておこう。

『ドイツとの対話――〈3・11〉以降の社会と文化』という本書のタイトルとともに、収録した一一本の論考が示すように、本書は、ドイツの日本学研究者と文化研究を専門とする日本の研究者との対話からはじまった。

ドイツの日本学研究者とのかかわりは、東日本大震災に見舞われた日本社会の現状と課題を検討すべく、二〇一二年にボン大学で開催された「メディア・コンテンツとカタストロフィ」と題する国際シンポジウムに伊藤が招かれ講演したことにある（このシンポジウムの成果はすでに、Media-Contents und Katastrophen: Beiträge zur medialen Verarbeitung der Grosen Ostjaoanischen Erdbebenkatastophe, IUDICIUM Verlag GmbH München,2016. として刊行された）。それが機縁となり、二〇一六年の四月から九月の半年間、伊藤が在外研究を取得して、ボン大学で研究生活を過ごした。その半年間、偶然、同じ時期にサバティカルを取得してボン大学に滞在しておられた水島朝穂教授（早稲田大学法学学術院教授）、そしてボン大学の日本・韓国研究専攻に所属する研究者との共同研究を四回にわたり行った。さらに二〇一六年一二月に第五回、二〇一七年七月に第六回と研究会を積み重ねてきた。

こうした共同研究会をふまえて、二〇一六年九月に伊藤が所長を務める早稲田大学メディア・シティズンシップ研究所の招聘研究員である、毛利嘉孝氏、清水知子氏、平田由紀江氏、清家竜介氏、ならびに科学研究費基盤B「デジタルメディア時代における政治的公共性とナショナリズム」の研究会のメンバーである水嶋一憲氏、佐幸信介氏らを加えて、早稲田大学メディア・シティズンシップ研究所とボン大学日本・韓国研究専攻が共催する共同研究会を開催した。本書は、その際の報告内容とは若干異なるものの、この共同研究会の成果を土台として刊行した。これがことの経緯である。

＊　＊　＊

さて、この九月の共同研究会には、当時ケルン大学のパチケ先生も参加・報告されたのだが、そこでパチケ先生が岡田利規氏の翻訳者であることがわかった。日本側のメンバーが皆、岡田氏の大ファンであったこともあり、懇親会では大変盛り上がった。

そこで、帰国後、「〈3・11〉以降の日本やドイツの課題」を考察する書籍の刊行ができるならば、ぜひ岡田氏に寄稿をお願できないだろうか、ということになった。パチケ先生が岡田氏に連絡を取ってくださり、岡田氏から寄稿していただけることになった。

刊行に向けた編者の趣旨を理解してくださり、まさに本書全体のモチーフに合致した素晴らしい原稿を寄せていただいた岡田氏には心からお礼を申し上げたい。


本書は、前述のように、「〈3・11〉以降の社会と文化」が直面する諸課題を、わたしたちがいかに受け止め、いかに前に踏み出していくか、という問題関心を共有しながら、ドイツと日本に共通した課題、それぞれが抱える独自の課題を比較検討することを意図して編まれている。困難を抱えつつ、それを打開する方途を希求したいとの願いもあった。

ドイツは中東情勢の変化とりわけシリアの内戦と混乱によって生じた多くの難民を受け入れている。だが、その一方で難民排斥の動きも顕在化し、右翼政党が国会で議席を獲得する事態に直面している。日本もまたヘイトスピーチがネットを超えて街頭に広がり、中国や韓国に関する反発や嫌悪の感情が昂進している。

〈3・11〉フクシマ原子力発電所の過酷事故の後の原発政策をめぐっても、ドイツと日本は対照的な選択をおこなった。原発の過酷事故を経験しつつも、いまだ原発依存体制から脱却できない日本、それに対していち早く脱原発を決定したドイツ。

本書では、こうした〈3・11〉以降の、多くの課題を見つめ、それを乗り越えていこうとする、文学、演劇、映画の試み、女性労働をめぐる日独の政策の違い、さらに排外主義が世界的に高まる動きと連動するかのように、日本でも看過できない事態となったヘイトスピーチの現状にかんする検討をおこなった。

読者には、関心をもたれた章から自由に読んでいただきたいと思う。


本書の刊行にあたり、厳しい出版状況のなか出版をお引き受けいただいたせりか書房の船橋純一郎氏に心からお礼を申し上げたい。

最後に、本書は、早稲田大学総合研究機構による研究成果刊行を助成する「学術出版補助費（プロジェクト研究所）によるものであることを明記しておく。関係者に心からお礼を申し上げる。

編者を代表して

早稲田メディア・シティズンシップ研究所所長
伊藤守

清水知子（しみず ともこ）
現在、筑波大学人文社会系准教授。早稲田大学メディア・シティズンシップ研究所招聘研究員。専門は、比較文学、文化理論、メディア文化論。業績:『文化と暴力—揺曳するユニオンジャック』（月曜社、2013年）、『地域アート—美学／制度／日本』（共著 ,堀之内出版、2016年）。

ヴィーブケ・フォン・ベルンストルフ（Wiebke von Bernstorff）
現在、ヒルデスハイム大学言語・情報学科ドイツ言語・文学研究所専任講師。専門は、現代文学、演劇教育学、亡命文学・間メディア社会研究。業績:『Fremd bleiben』（Iko社、1997年 ）、『Fluchtorte』（Wallstein社、2006年）。

平田由紀江（ひらた ゆきえ）
現在、日本女子大学人間社会学部現代社会学科准教授。早稲田大学メディア・シティズンシップ研究所招聘研究員。専門はメディア・文化研究、社会学。共編著に『韓国家族—グローバル化と「伝統文化」のせめぎあいの中で』（亜紀書房、2014年）、訳書に『韓国ポップのアルケオロジー　1960-1970年代』（月曜社、2016年）などがある。

毛利嘉孝（もうり よしたか）
現在、東京藝術大学大学院国際芸術創造研究科教授。早稲田大学メディア・シティズンシップ研究所招聘研究員。専門は、社会学、文化研究・メディア研究。主著に『ストリートの思想』（ＮＨＫ出版、2009年）、『増補　ポピュラー音楽と資本主義』（せりか書房、2012年）。『アフターミュージッキング』（編著、東京藝術大学出版会、2018年）など。

清家竜介（せいけ りゅうすけ）
現在、龍谷大学社会学部専任講師、早稲田大学メディア・シティズンシップ研究所招聘研究員。博士 (学術)。専門は、社会学、社会哲学、メディア文化論。著書に『交換と主体化』（御茶の水書房、2011年）、『ももクロ論』（共著、有楽出版社、2013年）。

浜 邦彦（はま くにひこ）
現在、早稲田大学教育・総合科学学術院准教授、早稲田大学メディア・シティズンシップ研究所研究員。専門は、カリブ研究、カルチュラル・スタディーズ、ディアスポラ研究。著書に『ディアスポラから世界を読む』（共著、明石書店、2009年）、『ディアスポラと社会変容』（共編著、国際書院、2008年）。

編著者・執筆者・翻訳者紹介

ハラルド・マイヤー（Harald Meyaer）
現在、ドイツ・ボン大学文学部アジア研究所所長。専門は、日本近・現代文学、近代思想史。業績:『フィクション対真実: 日本の近・現代歴史小説のジャンル理論と類型学』（独語 ,Peter Lang,2000年）、『大正デモクラシー: 1900年から 1920年の日本における民主主義受容の概念史的研究』（独語 ,Peter Lang、2005年）、『日本のベストセラー王: 司馬遼太郎のナラトロギー的作用美学的功績の分析』（独語 ,Iudicium,2010年）、『日本近代文学史としての文学館ガイド』（独語 ,Iudicium,2015年）。

西山崇宏（にしやま　たかひろ）
現在、ボン大学哲学部アジア研究科日本・韓国研究専攻特任准教授。専門は産業社会学、メディア・文化研究、社会経済学。業績:『Der japanische Kapitalismus zwischen Macht und Markt』（Iudicium社、2017年）、共編『Media-Contents und Katastrophen』（Iudicium社、2016年）、共編『Media, Cultures, Identities: Aspects of Contents Business in East Asia』（Iudicium社、2012年）、共編『Technische Humankapitalbildung in der Yokosuka-Schiffswerft zu Beginn der Industrialisierung Japans』（マールブルグ大学出版、2009年）。

伊藤 守（いとう　まもる）
現在、早稲田大学教育・総合科学学術院教授、早稲田大学メディア・シティズンシップ研究所所長。専門は、社会学、メディア・文化研究、人文社会情報学。業績:『情動の社会学』（青土社、2017年）、『情動の権力』（せりか書房、2013年）、『コミュニティ事典』（共編者、春風社、2017年）など。

岡田利規（おかだ としき）
演劇作家、小説家、チェルフィッチュ主宰。熊本在住。2016年よりドイツ有数の公立劇場のレパートリー作品の演出を 3シーズンにわたって務める。主な受賞歴は『三月の 5日間』にて 49回岸田國士戯曲賞、小説集『わたしたちに許された特別な時間の終わり』にて第 2 回大江健三郎賞。主な著書に『遡行変形していくための演劇論』『現在地』（ともに河出書房新社）などがある。

ハイケ・パチケ（Heike Patzschke）
現在、ボン大学アジア研究科日本・韓国研究専攻専任講師、ケルン大学東アジア研究所・日本学科非常勤講師、和独・独和通訳翻訳者。専門は日本文学。業績: Okada, Toshiki: *Die Zeit, die uns bleibt.*（岡田利規著『わたしたちに許された特別な時間の終わり』、翻訳、フィッシャー出版社、2012）。

桑山裕喜子（くわやま ゆきこ）
現在、ドイツ・ヒルデスハイム大学哲学科博士課程所属、同学科リサーチアシスタント。専門は、哲学（認識論、現象学）と翻訳（独日）。現在の研究内容は感情と「気」の現象学。業績: Rolf Elberfeld／桑山裕喜子（訳）「行為的直観から形成的現象学へ」（『日本哲学史研究』、京都大学大学院文学研究科日本哲学史研究室、近刊）。

ドイツとの対話――〈3・11〉以降の社会と文化

2018年3月30日　第1刷発行

編　者　ハラルド・マイヤー、西山崇宏、伊藤 守
発行者　船橋純一郎
発行所　株式会社 せりか書房
〒112-0011　東京都文京区千石1-29-12 深沢ビル
電話 03-5940-4700　振替 00150-6-143601　http://www.serica.co.jp
印　刷　中央精版印刷株式会社
装　幀　木下 弥

ISBN978-4-7967-0372-7